I0166402

LE DOYEN

DE

KILLERINE,

HISTOIRE MORALE,

composée sur les Mémoires d'une illustre famille d'Irlande ;

Et ornée de tout ce qui peut rendre une lecture utile & agréable.

Par l'Auteur des Mémoires d'un Homme de Qualité.

PREMIERE PARTIE.

A LA HAYE,

Chez PIERRE POPIE, Libraire.

M. DCC. LXXI.

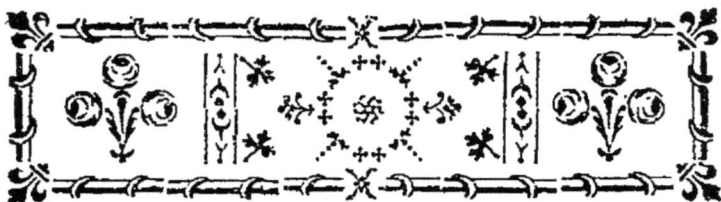

PRÉFACE.

MALGRÉ les déclamations qu'on entend tous les jours contre le goût du fiecle, je ne vois pas que les bons Ecrivains manquent de fuccès. N'a-t-on pas rendu juftice ces dernieres années aux bons ouvrages dans tous les genres? Le Traité des Aurores boréales, les Mémoires fur les Infectes, le Spectacle de la Nature, l'Hiftoire des anciennes Monarchies, la Vie de Julien, celle du Vicomte de Turenne, ont-ils à fe plaindre de l'accueil que le public leur a fait? Et fi l'on parle de Poéfies & de Spectacles, le Philofophe marié, le Glorieux, la Pupille, le Préjugé à la mode, Guftave, Didon, Abenfaïde, n'ont ils pas été glorieufement diftingués?

Oui, dira quelqu'un; mais on nommeroit auffi aifément quantité de mauvaifes productions qui fe font fait applaudir; & le bon goût confifte également à difcerner les bons & les mauvais ouvrages.

Je conviens des applaudiffements injuftes qu'on donne quelquefois à de fort mauvais Livres; mais je demande à quel titre ils les obtiennent? S'il eft vrai qu'on prétende y reconnoître un mérite réel & des qualités eftimables qui n'y font pas, il faut paffer condamnation fur une erreur fi honteufe, & déplorer en effet la perte du bon goût. Mais fi

I. Partie.   A les uns ne plaisent que par le misérable agrément de la médisance & de la satyre, d'autres par la licence avec laquelle on y fait la guerre aux mœurs ou à la Religion, il est clair qu'il faut s'en prendre moins à la dépravation du goût qu'à celle du cœur, & plaindre seulement la legereté & la malignité des hommes, qui est à-peu-près la même dans tous les siecles.

Heureux sans doute l'Ecrivain qui plaît! Mais c'est lorsqu'il n'a point à rougir de la voie qu'il choisit pour plaire. Autrement j'ose le comparer aux ministres des honteux plaisirs; ceux qui les emploient & qui aiment leurs services ne les regardent pas moins comme des infames.

Si l'Ouvrage que j'abandonne à la presse n'a pas de quoi satisfaire le bon goût que je reconnois dans notre siecle, j'aurai du moins la satisfaction d'avoir mieux aimé renoncer aux applaudissements que de les chercher par des voies que je condamne. L'état de ma fortune ne me permettant point de choisir pour sujet de mon travail tout ce qui demande du temps & de la tranquillité, je me réduis à ce qui se présente à ma plume de plus simple, de plus honnête & de plus agréable. Ces trois caracteres s'accommodent fort bien à ma situation: le premier, parce qu'il abrege mes peines; le second, parce qu'il convient à ma profession & à mes principes; & le dernier, parce que facilitant le débit de l'Ouvrage, il répond à la principale vue qui me le fait entreprendre.

Ils se trouvent tous trois si parfaitement réunis dans cette Histoire, que je ne puis trop m'applaudir du hazard qui m'en a fait tomber les materiaux entre les mains. Le compte que j'en pourrois rendre à mes Lecteurs n'auroit rien de fort intéressant pour eux. Il suffit de leur apprendre que l'indulgence avec laquelle on a reçu de moi quelques Ouvrages de la même espece, a fait croire aux héritiers des illustres freres dont on va lire les aventures, que je pouvois retoucher avantageusement leur manuscrit. Ils ont exigé que la plupart des noms propres demeurent inconnus ; & c'est presque l'unique loi qu'ils m'aient imposée. J'ai usé d'ailleurs de la liberté qu'ils m'ont laissée de retrancher certains détails domestiques, que la différence de nos usages auroit fait trouver ennuyeux, & peut-être ridicules.

Je n'ai rien épargné avec tant de respect que la morale. Ce n'est pas dans une premiere partie qu'on peut prendre une juste idée du dessein de l'Auteur ; mais ayant cru le saisir en lisant l'ouvrage entier, j'ai conçu que le Doyen de Killerine s'étoit proposé de réunir dans l'histoire de sa famille toutes les regles de Religion qui peuvent s'accorder avec les usages & les maximes du monde, pour faire connoître jusqu'à quel point un Chrétien peut se livrer au monde, & à quelles bornes il doit s'arrêter. Une entreprise de cette nature deviendroit peut-être importante, si l'exécution répondoit à la grandeur du projet. Quoiqu'il soit, dis-je, impossible d'en juger parfaitement par la lecture d'un seul volume, on ne laissera pas de remarquer dans le caractere du Doyen, & dans celui de ses freres & de sa sœur, des ouvertures qui feront entrevoir ce qu'on peut attendre de la suite. Géorges est un honnête homme ; mais sans autres principes que ceux de la morale naturelle. Le Doyen est un chrétien du premier ordre, & d'une rigueur qui va d'abord à l'excès, mais qui, reconnoissant enfin de quelle nécessité il est dans la société humaine de se prêter quelquefois à la foiblesse d'autrui, cherche, la balance de l'Evangile à la main, tous les tempéraments que la charité demande, & que la justice chrétienne tolere. Patrice & Rose me paroissent deux caracteres ambigus ; bons , mais foibles , & faits comme exprès pour donner occasion aux deux autres d'exercer continuellement leurs principes , & de mettre par conséquent dans un grand jour l'extrême différence qui est entre deux honnêtes gens , dont l'un ne l'est que suivant les maximes du monde , & l'autre suivant celles du christianisme.

Croira-t-on qu'un but si sérieux puisse rendre mon sujet susceptible de l'agrément que j'ai fait espérer ? Il y auroit de la témérité à l'assurer d'un certain ton. Cependant le fond de la matiere me paroit si riche que je ne crains pas d'exhorter encore mes lecteurs à l'espérance.

Mon dessein est de donner la seconde partie du Doyen de Killerine dans six semaines, & de continuer ensuite d'en faire paroître une tous les mois. J'ai assez d'avance pour être exact à suivre cet arrangement. Tout l'ouvrage consistera en douze parties , qui composeront six volumes.

LE DOYEN
DE KILLERINE.

AVANT-PROPOS.

CEUX qui entreprennent d'écrire l'hiftoire générale ou particuliere, prennent communément la plume par l'un de ces trois motifs : ou pour fe faire un nom, en offrant au public un récit digne de fon attention, & capable par conféquent de faire eftimer l'auteur auffi long-temps qu'on aura quelqu'eftime pour l'ouvrage ; ou par quelque vue d'intérêt propre, qui leur fait fouhaiter que certains faits obfcurs ou équivoques auxquels ils ont eu part foient expliqués dans un fens honorable pour eux-mêmes & pour leur parti ; ou bien enfin pour fatisfaire quelque reffentiment de haine, s'ils ont de fortes raifons de haïr quelqu'un ; d'envie, s'ils voient la fortune & la réputation d'autrui d'un œil jaloux ; de malignité naturelle, s'ils font de ce malheureux caractere qui fait trouver du plaifir à médire, & qui porte certaines gens à répandre continuellement le poifon de leur cœur par les deux organes dangereux de la langue & de la plume.

Il eſt clair que de ces trois ſources il y en a deux dont il ne faut attendre ni la fidélité ni le déſintéreſſement qui conviennent à l'hiſtoire ; car la vérité n'a point d'ennemis plus à craindre que les paſſions déréglées & les intérêts perſonnels. Pour la premiere, quoiqu'elle paroiſſe moins ſuſpecte, parce qu'il eſt vrai en général que l'amour de la gloire eſt un aiguillon noble qui peut agir ſur l'ame d'un Ecrivain comme ſur celle d'un Héros, & les exciter chacun dans leur carriere à ne rien faire qui déshonore un ſi beau motif, je ne ſais néanmoins ſi cette ardeur même de mériter les ſuffrages du public ne doit pas faire craindre qu'un Hiſtorien qui ne ſe propoſe point d'autre but, ne s'écarte encore du chemin droit de la vérité. Comme la vérité ſimple ne plaît pas toujours, il n'eſt pas aiſé, quand on veut toujours plaire, de ſe contenir dans des bornes auſſi étroites que les ſiennes. On la déguiſe du moins, ſi l'on n'eſt pas capable de l'altérer ; on l'orne trop ; on lui prête de l'agrément ; & ce qui n'eſt que plus pernicieux pour elle, ce déguiſement ſe fait avec d'autant plus d'art, que pour le deſſein qu'on a de plaire, on ſait qu'il faut lui conſerver certaines apparences de ſincérité, ſans leſquelles ce ſeroit bientôt fait de ſon crédit. Ainſi cette maniere de la détruire, qui eſt la plus ſubtile, eſt dans le fond la plus dangereuſe.

Il ſuit delà que nous aurions peu d'hiſtoires fidelles, s'il n'y avoit abſolument que ces trois motifs qui puſſent faire prendre la plume aux Hiſtoriens. Mais je n'en ai pas nommé un qui eſt infiniment plus relevé que le plus noble des trois autres, & qui eſt ſans doute le ſeul capable d'élever un Hiſtorien à ce degré de perfection qui le feroit regarder comme un modele. C'eſt

l'envie de se rendre utile. Tout est si bien ren-
fermé dans ces trois mots, qu'ils n'ont pas besoin d'autre explication pour ceux qui les com-
prennent.

Oserai je dire après cela que ce motif est ici
le mien, & ne m'accusera-t-on pas, dès mon
exorde, d'aspirer à une perfection qui surpasse
mes forces ? Je réponds qu'en attribuant tant de
vertu à l'envie de se rendre utile, je lui suppose
pour fondement toutes les qualités naturelles
& acquises qui sont nécessaires d'ailleurs pour
former un bon Ecrivain ; & malheureusement
ce ne sont pas celles dont je suis le mieux partagé. Il est donc vrai qu'avec des idées assez justes
de ce qui seroit nécessaire pour la perfection de
l'ouvrage que j'entreprends, mes talents sont
au-dessous de mon projet. Mais le motif qui
le fait entreprendre est tel du moins que je l'ai
dit ; & je suis si persuadé qu'il est propre à former de bons Historiens, lorsqu'il se trouve sou-
tenu des qualités qui me manquent, que je le
crois même capable de suppléer à la médiocri-
té des miennes. S'il ne communique point la
beauté de l'imagination, qui est un présent de
la nature, & les graces du style, qui sont ordinairement des effets de l'art, il me rendra sincere dans mon récit, modeste dans mes expressions, & non seulement sage & raisonnable,
mais solidement chrétien dans les principes de
ma morale ; il m'empêchera d'approuver ou de
flatter le vice dans les personnes mêmes qui
m'ont été les plus cheres, & il me fera tourner
les événements les plus profanes à l'instruction
de la jeunesse, à l'édification de tous les âges &
de toutes les conditions, & par conséquent à
l'honneur du Ciel & à l'avantage de la société
humaine.

L I V R E P R E M I E R.

C'E s t moins mon hiftoire que je donne au public, que celle de mes deux freres & de ma fœur. J'étois parvenu à l'âge de quarante ans, & la profeffion que j'avois embraffée fembloit me promettre autant de tranquillité pour le refte de ma vie, que j'en avois goûté jufqu'alors. Un bénéfice eccléfiaftique d'un revenu médiocre, une demeure commode, un tour d'efprit & d'inclinations qui me faifoient goûter les devoirs de mon emploi, beaucoup d'amour pour la retraite & pour l'étude : tels étoient les fondemens de ma fortune & de mon repos ; & comme c'étoit par choix que je m'étois déterminé à ce genre de vie, il n'y avoit pas d'apparence que je puffe me laffer d'une condition dont j'étois fi fatisfait.

La nature m'avoit accordé un avantage que j'avois négligé volontairement : j'étois l'aîné de ma famille ; mais je ne cacherai point les raifons qui m'avoient fait renoncer à cette qualité, & dont le Ciel s'étoit fervi heureufement pour m'infpirer de bonne heure la haine du monde & le goût de la folitude. J'avois apporté en naiffant trois infirmités, dont tous les foins & les remedes de l'art n'avoient pu me délivrer. Mes jambes étoient crochues, quoique fermes d'ailleurs, & de longueur affez égales pour ne pas m'empêcher de marcher droit. J'étois boffu avec cela par devant & par derriere ; & pour comble de difgrace, j'avois le vifage défiguré par deux verrues qui étoient plantées régulierement au-deffus de mes yeux, & qui s'avançoient sur mon front avec l'apparence de deux cornes. Ajoutez que j'avois la tête fort grosse, la taille pleine, mais ramassée, & extrêmement courte. Enfin, toute ma figure sembloit être une vocation marquée pour un autre état que le monde, où la raillerie épargne beaucoup moins les imperfections du corps que les vices & les déréglements de l'ame.

Je m'étois donc rendu justice dès le premier moment que j'avois commencé à me connoître ; & j'avois eu du moins cette satisfaction en formant le dessein de renoncer au monde, que mes désirs s'accordant avec la nécessité, je n'avois point eu de violence à me faire pour m'y soumettre. Cependant ma mere étant morte en me donnant la naissance, mon pere se trouva si peu d'inclination pour un second mariage, que cette raison l'empêcha long-temps de m'accorder la liberté d'entrer dans l'état ecclésiastique. Il m'aimoit, quoiqu'il eût besoin de toute l'indulgence paternelle pour me trouver aimable. Il tâchoit de diminuer la mauvaise opinion que j'avois de moi-même, en me répétant souvent que l'esprit & le jugement, dont il m'assuroit que j'étois mieux partagé qu'on ne l'est communément au même âge, suppléeroient aux avantages que la nature m'avoit refusés ; & lorsque j'insistois sur l'excès de ma difformité, il me répondoit en riant que son dessein étoit de me marier de bonne heure, afin que je pusse lui donner des petits-fils moins laids que moi. En effet, lorsque j'eus atteint ma seizieme année, il me chercha une épouse, sans m'avertir des soins qu'il prenoit pour cela ; il en trouva une, la plus belle peut-être qui fût dans la province ; & continuant de me laisser ignorer sa résolution, il me conduisit un jour chez elle. Je vis

une perſonne charmante. Mais ce qui paroîtra
ſurprenant, après le portrait que j'ai fait de moi-
même, je lui trouvai autant de complaiſance
& de civilité pour moi, que j'en euſſe pu ſouhaiter ſi j'euſſe ſenti de la tendreſſe pour elle,
& ſi j'euſſe mérité la ſienne.

L'ambition produiſoit dans ſon cœur le même effet que l'amour. Elle étoit d'une naiſſance
inférieure à la mienne, & mon pere l'ayant
prévenue ſur le deſſein de notre viſite, elle ſai-
ſoit moins d'attention à mes qualités perſonnelles qu'au titre de Comteſſe qu'elle ſe flattoit
de porter en devenant mon épouſe. Notre maiſon, quoiqu'extrêmement déchue de ſon ancienne ſplendeur, tenoit encore un des premiers
rangs dans le comté d'*Antrim*. Nous faiſions
remonter notre origine juſqu'à ce fameux
Donnewald O Neal, qui avoit régné autrefois
dans cette partie de l'Irlande que nous nom-
mons *Cui-Guilly*, & que les Anglois appellent
Ulſter. A la vérité tout avoit changé de face depuis que Cromwel & Ireton avoient achevé de
réduire notre malheureuſe patrie à l'eſclavage;
& la rigueur du joug s'étendant indifféremment
ſur les Nobles & ſur le peuple, il y avoit peu de
familles qui ne ſe reſſentiſſent de la miſere publique. Ajoutez que la nôtre étant demeurée
fidelle à l'ancienne Religion, c'étoit un autre
obſtacle qui avoit fait perdre à mon pere tous
les avantages qu'il auroit pu tirer de ſa naiſſance, & qui ſembloit ôter de même toute eſpérance de fortune à ſes deſcendants. Cependant
nous ne laiſſions pas de conſerver un reſte de
diſtinction dans le pays, & nous nous conſolions
de l'abaiſſement où nous tenoient les Anglois,
par la conſidération que nous trouvions encore
parmi nos compatriotes. Notre bien même,

dont nous avions perdu la meilleure partie dans les dernieres guerres, fuffifoit encore pour nous fournir un entretien honorable, en comparaifon du moins des autres Nobles de la province, qui avoient été prefqu'entiérement dépouillés par l'avarice & la cruauté de nos vainqueurs.

Mon pere ayant remarqué avec plaifir que ma difformité ne rebutoit point celle qu'il me deftinoit pour époufe, crut le fuccès de fon deffein infaillible, parce qu'il ne put s'imaginer que les difficultés vinffent de ma réfiftance. Je ne fais comment il arriva effectivement que je demeurai infenfible à tant de charmes ; car, malgré le fond de mon humeur, qui étoit naturellement férieufe, j'ai toujours eu le cœur fufceptible de tendreffe & d'amitié ; mais j'étois glacé apparemment par la forte impreffion que mes propres défauts faifoient fur moi ; ou plutôt le Ciel, qui m'appelloit d'un autre côté, veilloit lui-même fur mes fens pour les empêcher de s'amollir. Quoi qu'il en foit, rien ne peut égaler la furprife où je vis mon pere, lorfque m'ayant découvert fes vues à la fortie de cette maifon, il m'entendit rejetter toutes fes offres, & protefter que ma réfolution étoit de vivre dans le célibat. En vain renouvella t-il fes inftances & même fes ordres ; tout ce qu'il put obtenir de mon obéiffance fut de l'accompagner dans quelques autres vifites qu'il rendit au même lieu. J'y fus reçu avec le même air de fatisfaction ; & mes intentions paroiffant affez expliquées par celles de mon pere, on continua de me traiter avec une bonté qui rendoit la tentation fort dangereufe. Cependant, au milieu même du péril, & dans le moment peut-être qu'il étoit le plus preffant, puifque je me trouvois feul avec la belle perfonne qui le caufoit, je formai un deffein des plus extraordinaires, & dont le succès me fit reconnoître que j'avois l'obligation au Ciel de me l'avoir inspiré.

A l'occasion de quelques questions qu'elle m'avoit faites sur l'âge & la santé de mon pere, je lui dis qu'étant encore au-dessous de quarante ans, & jouissant d'une santé parfaite, il étoit étrange qu'il se fût obstiné à renoncer au mariage ; que c'étoit un engagement néanmoins qui lui convenoit beaucoup plus qu'à moi ; que l'amour-propre ne m'empêchoit point d'ouvrir les yeux sur mes imperfections, & de reconnoître que mon cœur & ma personne étoient un triste présent pour une dame de son mérite ; que la justice que je savois me rendre, & l'estime sincere que j'avois pour elle, me faisoient craindre avec raison qu'elle ne se fît violence pour souffrir ma présence & mon entretien ; enfin qu'il eût été à souhaiter pour elle-même & pour l'intérêt de notre maison que mon pere, au lieu de m'offrir à elle, lui eût offert lui-même & son cœur & sa main. J'ajoutai que pour peu qu'elle goutât cette ouverture, & qu'elle voulût se prêter à mon projet, je ne désespérois pas de le faire réussir ; & remarquant que ma proposition lui causoit de l'embarras, je la priai de s'expliquer naturellement, & de faire fond sur ma sincérité & mon honneur. Après avoir paru balancer un moment, elle me fit une réponse qui ne put me laisser le moindre doute de ses véritables sentiments. Elle s'étoit fait, me dit elle, un honneur extrême de ma recherche ; mais puisque j'avois si peu de goût pour le mariage, elle se sentoit tellement prévenue en faveur de notre maison, qu'elle recevroit volontiers la main du pere, si elle ne pouvoit obtenir celle du fils. Je marquai une joie infinie de la voir dans cette difposition. Etant ainfi perfuadée de ma bonne foi, elle ne fit point difficulté de m'abandonner le foin de fes propres intérêts, & de me promettre qu'elle n'épargneroit rien de fon côté pour triompher de l'indifférence de mon pere.

Comme la feule raifon qui le faifoit vivre dans l'éloignement des femmes étoit le fouvenir de ma mere qu'il avoit aimée paffionnément, il ne fut pas difficile à une jeune perfonne qui avoit autant d'efprit que de beauté, & qui fe fit une étude de lui paroître aimable, d'effacer des idées que le temps feul devoit avoir affoiblies. Je la fecondai d'ailleurs de tout mon pouvoir, & mon zele avoit deux caufes prefqu'égales ; l'envie de voir mon pere heureux par un nouveau mariage, & la crainte d'être forcé moimême à prendre ce parti, s'il perfiftoit dans fes premieres réfolutions. J'acquis donc à force d'inftances & de foins, non-feulement une belle-mere qui mérita pendant toute fa vie mon refpect & mon affection, mais encore la liberté de fuivre la vocation du Ciel, qui m'appelloit à l'érat eccléfiaftique. Dès la premiere année de cet heureux mariage le Ciel m'accorda un frere ; & fa naiffance fut comme le fignal auquel il me fut permis d'entrer dans une nouvelle carriere.

J'obtins le confentement de mon pere pour aller faire des études plus régulieres à *Carickfergus*, fous la conduite de quelques Eccléfiaftiques Romains qui y enfeignoient fecrétement les fciences divines & humaines. J'y paffai plufieurs années, & je ne retournai à la maifon paternelle qu'après avoir reçu les Ordres facrés de l'Archevêque Catholique d'Armagh. Engagé fans retour au fervice du Ciel, je balan-

çai fur le choix de deux fortes d'occupations
auxquelles un Prêtre romain peut s'attacher en
Irlande. Depuis que la réformation y eſt devenue dominante, il y a peu de villes & peu
même de villages qui ſoient entiérement com-
poſés de Catholiques. Cependant il s'en trouve
encore un aſſez grand nombre pour former en
quantité d'endroits des paroiſſes conſidérables,
qui font ordinairement fous la conduite d'un
Curé ou d'un Doyen, & quelquefois même
de pluſieurs Prêtres. Pour les autres lieux du
royaume, où l'on auroit ſouvent peine à compter deux Catholiques parmi cent Proteſtants,
on n'y reçoit point d'autre ſecours ſpirituel
que de quelques Miſſionnaires ambulants, dont
le zele s'exerce de ville en ville, ſoit à conſoler le petit nombre des fideles, ſoit à ramener
à la communion romaine les Proteſtants qu'ils
peuvent gagner par leurs exhortations ſecretes;
mais ils ont beſoin d'une circonſpection extrême pour ſe contenir dans les bornes qui leur
ſont accordées par les loix; & s'ils font du Clergé régulier, ils ne font point une ſeule démarche qui ne les expoſe au ſupplice, parce que
l'entrée même du royaume leur eſt défendue
fous peine de mort. Ayant donc le choix de l'un
ou de l'autre de ces deux partis, j'aurois peut-
être ſuivi le mouvement de mon zele, qui me
faiſoit regarder le ſecond comme le plus labo-
rieux & le plus apoſtolique : mais les inſtances
redoublées de mon pere & de ma belle-mere
m'arrêterent preſque ma'gré moi dans la paroiſſe la plus proche de leur demeure.

C'étoit une petite ville nommée *Killerine* *,
fituée fur la riviere de *Banne*, à l'extrêmité du comté d'Antrim, & dépendante de la

* Al. *Krine*, ou *Col raine*.

jurifdiction de Londondery. La religion romaine s'y étoit si bien conservée, que la plus
grande partie des habitants en faisoit ouvertement profession. Le Clergé y étoit nombreux,
& le Doyen, qui en étoit le chef, n'étoit pas
moins respecté qu'un Évêque. Je m'attachai à
cette ville, après avoir reçu la mission de l'Archevêque d'Armagh, & j'y vécus plusieurs années dans une paix profonde, en partageant
mon temps entre les fonctions de mon état &
l'étude des saintes lettres. Dix ans s'étoient
passés dans cette tranquillité, lorsque le Doyen
étant venu à mourir, ma naissance & la confidération qu'on avoit pour mon pere, firent
jetter les yeux sur moi pour remplir cette di-
gnité. Je me trouvai obligé de l'accepter, malgré la foiblesse de mes talents, & de renouveller mes efforts pour apporter du moins à l'exécution de mes devoirs toute l'ardeur & tous
les soins dont j'étois capable.

Pendant ce temps-là le Ciel avoit continué de
répandre sa bénédiction sur le mariage de mon
pere ; son épouse lui avoit donné un second
fils, cinq ans après la naissance du premier, &
une fille deux ans après celui-ci. Ils étoient
tous trois si heureusement partagés des dons de
la nature, qu'elle sembloit avoir voulu faire
une espece de réparation à notre famille de la
dureté qu'elle avoit eue pour moi. Georges, qui
étoit l'ainé, passoit dès l'âge de quinze ans pour
l'homme de notre province le mieux fait & du
meilleur air. Patrice son frere, quoique d'une
taille moins haute & moins robuste, s'attiroit
encore plus d'attention par les graces extraordinaires de son visage & de toute sa figure. Pour leur sœur, qui se nommoit Rose, on
n'avoit rien vu depuis long-temps dans le com-

té d'Antrim de fi parfait & de fi aimable. Je les
voyois croître avec admiration , & je demandois quelquefois à mon pere s'il fe repentoit de
m'avoir laiffé prendre le parti de l'Eglife , &
de s'être chargé lui-même du foin de fe donner
des héritiers ? La terre où il faifoit fa demeure
étant affez proche de Killerine , j'avois la liberté
d'y aller fouvent ; & fans nuire aux devoirs de
mon emploi, je veillois fur l'éducation de fes
enfants, qui m'étoient auffi chers qu'à lui. Je
pris même fucceffivement fes deux fils chez
moi, pour commencer à leur former l'efprit
& les mœurs, & les mettre en état d'aller fuivre
le cours ordinaire des études au college de
la Trinité à Dublin. Ils s'y diftinguerent par
leur application & par leurs progrès dans les
fciences. Le Ciel prit ce temps-là pour leur enlever leur mere ; mais quoique cette perte fît
défirer à mon pere de les rappeller auprès de lui,
j'obtins qu'il leur laiffât finir leur carriere, & je
me chargeai avec Rofe du foin de fa confolation. Ils revinrent enfin de Dublin tels que je
les avois fouhaités, c'eft-à-dire avec les connoiffances & les fentiments qui convenoient à
leur naiffance, & le corps & l'efprit affez formés pour faire honneur à ceux qui avoient pris
foin de leur éducation.

Cependant tant d'avantages paroiffoient leur
devoir être inutiles. La religion étoit un obftacle que le mérite perfonnel ne pouvoit vaincre ; de forte qu'avec tout ce qui fert ordinairement de voie pour fe diftinguer dans le monde, ils étoient condamnés à mener, comme leur
pere, une vie privée dans le comté d'Antrim,
& à fe renfermer dans les occupations domef-
tiques. Cette raifon, que j'avois toujours eue
devant les yeux, étoit ce qui m'avoit porté par-

ticuliérement à leur faire prendre du goût pour
les sciences , dans la pensée qu'ils y trouve-
roient du moins une ressource honnête & agréable contre l'ennui de l'oisiveté. Ce n'est pas
qu'au défaut des emplois civils , dont leur religion les excluoit absolument , ils ne pussent
espérer de s'avancer dans les armes : mais je
n'ignorois pas à quels périls ils seroient exposés
par l'ambition ; & l'exemple d'une infinité de
Seigneurs qui n'avoient changé de religion
que par ce motif , m'apprenoit assez ce que je
devois craindre pour eux. J'avois fait entrer
mon pere dans ces sentiments ; & nous avions
conclu qu'il falloit attendre du moins pour les
employer à quelque chose dans le monde , des
temps un peu plus libres , & un regne plus favorable à la religion romaine que celui du
Roi Guillaume.

Ainsi leurs occupations pendant plusieurs
années se réduisirent à l'étude , à la chasse , &
aux divertissements innocents qu'on peut se procurer dans une province éloignée de la Cour
& des grandes villes. Ils étoient souvent à Killerine ; je leur rendois des visites fréquentes
dans leur terre. Si j'avois pour eux autant de
tendresse que mon pere , ils me portoient autant
de respect & d'amitié qu'à lui. Jamais il n'y
eut de famille plus unie & plus tranquille. Nous
menions une vie si douce , que le seul amour-
propre devoit nous empêcher d'en désirer d'autre. Aussi paroissions-nous encore fort éloi-
gnés de tous les projets qui vinrent la troubler ,
quoiqu'à parler naturellement , j'eusse déjà
fait quelques remarques qui auroient dû me
rendre plus éclairé sur ce que j'avois à craindre
de l'avenir.

Malgré le calme continuel où nous vivions. ;

j'avois eu occaſion plus d'une ſois de pénétrer
le fond du caractere de mes freres & de ma
ſœur. Les inclinations naturelles cherchent
d'elles-mêmes à ſe trahir. Dans leurs opinions,
dans le choix de leurs plaiſirs, dans l'objet même de leurs études, j'avois remarqué que mes
deux freres ne s'accordoient pas toujours , &
que cette différence veroit de celle de leur humeur. Ils avoient tous deux beaucoup d'eſprit ;
mais la trempe, ſi j'oſe parler ainſi, n'en étoit
pas la même. Georges l'avoit plus pénétrant
que juſte ; ou plutôt étant naturellement hardi
& déciſif, il s'étoit fait une habitude de juger
de tout au premier coup d'œil , comme ſi ſa pé-
nétration lui eût épargné la peine & la lenteur de
l'examen. Quoiqu'il lui arrivât ſouvent de ſe
tromper, il tiroit du même principe un attachement extrême à ſon premier ſentiment , de ſorte
qu'on ne venoit guere à bout de lui faire con-
feſſer qu'il eût tort. Un autre effet du même
défaut , c'eſt que tout ce qui ſe préſentoit à lui
ſous une forme éclatante, & qui ſe ſaiſiſſoit par
conſéquent fort vite de ſon eſprit & de ſon imagination , ne manquoit guere de le prévenir
fortement pour ou contre. Ainſi la premiere
impreſſion décidoit chez lui de tout le reſte. De-
là venoit que malgré la ſolitude de ſa demeure
& la tranquillité de ſes occupations , il nourriſſoit
dans le ſecret de ſon cœur un amour ardent
pour le monde, dont il avoit commencé à prendre quelque connoiſſance à Dublin , & qu'il ſe
figuroit plus flatteur encore ſur l'idée qu'il en
prenoit dans ſes lectures. La nobleſſe de ſon
origine, le malheur qu'il avoit d'être né dans un
pays tel que l'Irlande , des ſouhaits continuels
pour quelque heureuſe révolution qui mît du
changement dans l'Etat, dans le gouvernement

& dans fa fortune, tel étoit le fujet ordinaire de fes entretiens & de fes méditations. Sa bibliotheque n'étoit compofée que de livres hiftoriques, hiftoires férieufes, ou romans; il avoit le même goût pour tout ce qui pouvoit augmenter dans fon imagination ce fantôme du monde dont il étoit charmé : droit d'ailleus dans tous fes fentiments, bon, fincere, généreux, fobre, intrépide, en un mot, pourvu de toures les qualités qui forment l'honnête homme dans les idées communes.

Patrice, quoique moins âgé de cinq ans, étoit d'un caractere beaucoup plus difficile à pénétrer. Comme rien n'étoit fi aimable & fi prévenant que fa figure, rien ne paroiffoit auffi plus doux & plus complaifant que fon humeur. On le trouvoit toujours difpofé à obliger, à céder, à reconnoitre le mérite dans la perfonne des autres, & la vérité dans leur fentiment ; à condamner le fien, lorfqu'on lui faifoit remarquer qu'il avoit tort, à témoigner même de la reconnoiffance pour ceux de qui il recevoit ce bon office, & cela avec tant de grace & fi peu d'affectation, qu'on étoit furpris de trouver cette rare qualité dans un jeune homme qui réuniffoit au même degré toutes les qualités de l'efprit & du corps. Mais ce qui étoit difficile à expliquer, c'eft que Patrice étoit auffi infupportable à lui-même, qu'il paroiffoit aimable aux yeux des autres. Il ne trouvoit rien qui fût capable de le fatisfaire, & de lui faire goûter un véritable fentiment de plaifir. Les plus fortes occupations n'étoient pour lui qu'un amufement qui laiffoit toujours du vuide à remplir au fond de fon cœur. Quelque agrément qu'il eût l'art de répandre dans une converfation, ou dans une partie de plaifir, il ne tiroit

aucun fruit pour lui-même de ce qui faifoit les
délices des autres. Sous un vifage enjoué &
tranquille, il portoit un fond fecret de mélancolie & d'inquiétude, qui ne fe faifoit fentir
qu'à lui, & qui l'excitoit fans ceffe à défirer
quelque chofe qui lui manquoit. Ce befoin dé-
vorant, cette abfence d'un bien inconnu l'em-
pêchoient d'être heureux. Je fais ce portrait de
fon cœur d'après celui qu'il m'a fait cent fois
lui-même, en gémiffant amérement de fon propre fort. Au refte, il n'en étoit pas moins exact
à remplir les devoirs ordinaires de la fociété ;
mais il fe trouvoit fouvent gêné par les bienféances. Il eût préféré volontiers la folitude
au commerce des hommes. Ses livres étoient
fa feule confolation. Un raifonnement jufte
& folide, une expreffion heureufe, un tour dé-
licat, un fentiment tendre & bien ménagé, lui
plaifoient plus que toutes les richeffes & que
tous les honneurs du monde, parce qu'il y trouvoit du moins de quoi flatter pour un moment
fon cœur & fa raifon, & que tout le refte le
fatiguoit jufqu'à lui infpirer de la haine & du
dégoût.

Voilà Patrice tel que je l'ai connu pendant
toute fa vie. Ce ne fut pas néanmoins tout d'un
coup que je parvins à cette connoiffance. Dès
fon retour du college de Dublin, je m'apperçus
en l'obfervant de près qu'il y avoit quelque
chofe de fort extraordinaire dans fon caractere ;
mais ce fut long-temps pour moi une énigme
très-embarraffante. A force d'obfervations je
crus avoir faifi une partie de fon fecret, & je
l'obligeai enfin par mes inftances & par les plus
tendres marques de mon amitié de me laiffer
lire clairement dans le fond de fon ame. Il me
fit tous les aveux qu'on vient de lire. Son mal,

quoique d'une nature fi étrange, ne me parut
pas fans remede. Je lui en offris un, qui dès ce
temps-là fans doute auroit été propre à le guérir, s'il eût eu la force d'en furmonter la premiere amertume ; mais il étoit queftion de fe
faire certaines violences auxquelles Patrice n'é-
toit pas encore difpofé. Je m'efforçai en vain
de lui faire comprendre que ce qu'il regardoit
comme un malheur pour lui, étoit peut-être
une faveur du Ciel, qui l'appelloit particuliérement à fon fervice, & qui ne lui faifoit éprou-
ver le trouble continuel dont il gémiffoit, que
pour lui faire défirer le feul bien à la poffeffion
duquel le repos du cœur eft attaché. Mes exhortations furent alors inutiles, non qu'il eût
à vaincre dans fon cœur quelque habitude contraire aux devoirs communs de la religion ;
mais il n'avoit point encore le goût de cette
vertu fublime à laquelle je l'exhortois, & que
je croyois néceffaire à fon repos. On verra par
quels degrés il plut au Ciel de l'y conduire.

Si j'avois eu befoin d'un peu d'étude pour
approfondir le caractere de mes freres, rien ne
m'avoit été fi facile que de connoître celui de
ma fœur. Elle le portoit écrit dans fes yeux &
fur fon vifage. L'heureux tempérament de fon
fang & de fes humeurs, qui formoient la beauté
de fon teint, fervoit non-feulement à rendre
fon ame perpétuellement tranquille, mais encore à l'orner de mille qualités aimables, & à
communiquer autant de charmes à fon efprit
qu'il en répandoit extérieurement fur toute fa
perfonne. Douce, complaifante, extrêmement
modefte, auffi réglée dans fes défirs que dans
fes actions, rien n'étoit fi égal que fa conduite
& fon humeur. Elle n'avoit jamais fait réflexion fi une femme eft propre à autre chofe

qu'aux petits foins dont fon pere la tenoit occupée ; & j'admirois quelquefois qu'avec le
fond d'efprit que je lui connoiffois, elle pût
fe contenir fi paifiblement dans un cercle d'a-
mufements puériles & moins convenables à fa
raifon qu'à fon âge. Mais cette fimplicité venoit de l'innocence de tous fes fentiments. Elle
étoit belle fans le favoir ; elle plaifoit fans y
penfer ; & fon efprit, quoique fupérieur à fes
occupations, s'y attachoit tout entier, parce
qu'il n'en connoiffoit point d'autre. Avec des
difpofitions fi heureufes il fembloit qu'il n'y
eût à attendre d'elle que de la fageffe & de la
vertu. Pour moi j'en étois fi perfuadé, que la
penfée m'étant venue plufieurs fois de lui donner des inftructions plus férieufes & plus proportionnées à fes talents naturels, j'avois renoncé à ce deffein, par la feule raifon que l'innocence étant le plus heureux partage d'une
fille, il me paroiffoit inutile & peut-être dangereux de lui procurer des connoiffances auffi
peu néceffaires pour fon bonheur que pour fa
vertu. Cependant lorfqu'elle eut paffé fa quin-
zieme année je crus m'appercevoir que l'âge
la rendoit un peu différente. Soit que les difcours de Georges euffent étendu fes idées, foit
que ce fût uniquement l'effet de la nature, je
remarquai plus de vivacité dans fes yeux, &
beaucoup moins de fimplicité dans fes manieres. Son fang, qui avoit été jufqu'alors dans un
degré de chaleur fi modéré, paroiffoit s'échauffer lorfqu'il étoit queftion d'une partie de plaifir. Elle prit du goût pour la lecture ; mais elle
recevoit fes livres de Georges ; & le hazard
me fit un jour découvrir qu'il ne lui prêtoit
que des romans. Je leur en fis des reproches à
l'un & à l'autre. Elle me promit d'abandonner

cette frivole occupation. Je crois qu'elle tint
ſa promeſſe ; mais je ne laiſſai pas de remarquer de plus en plus qu'elle commençoit à ouvrir les yeux ſur ſon propre mérite , & qu'elle
étoit inſtruite de bien des choſes qu'elle n'a-
voit pas toujours connues.

Je n'allois jamais à leur terre ſans leur renouveller mes avis & mes exhortations. Leur
conſidération pour moi, & l'amitié qu'ils me
connoiſſoient pour eux, les avoient accoutumés
à les recevoir volontiers. Auſſi évitois-je avec
ſoin de prendre un air ſévere & rebutant. D'ailleurs mon pere ſe repoſoit ſur moi de la conduite de toute ſa maiſon. Ils connoiſſoient là-deſſus ſes volontés : de ſorte que ce bon pere étant
venu à mourir, ils n'eurent pas de peine à lui
promettre à ſa derniere heure d'avoir toujours
la même docilité pour mes conſeils , & de prendre pour moi tous les ſentiments qu'ils avoient
eus pour lui. Rien ne fut ſi touchant que les
dernieres marques de tendreſſe avec leſquelles
il quitta ſa triſte famille. Après avoir exigé de
mes freres & de ma ſœur la promeſſe de me
reſpecter & de m'obéir pendant toute leur vie,
il m'obligea , par un ordre abſolu, de m'engager auſſi à leur tenir lieu du pere qu'ils alloient
perdre , & à les regarder toujours comme le
plus cher objet de ma tendreſſe & de mes ſoins.
Il m'ordonna de les embraſſer en ſa préſence ,
pour confirmer nos promeſſes par ce gage d'u-
ne fidélité inviolable ; & il nous embraſſa lui-
même l'un après l'autre , en nous arroſant de
ſes précieuſes larmes. Il mouroit à cet âge où
la raiſon fait abandonner la vie ſans regret parce qu'elle fait conſidérer la mort comme un
tribut néceſſaire de la nature ; & il emportoit
cette douce conſolation , que jamais pere n'a-

voit été plus heureux que lui par le respect &
l'attachement sincere de tous ses enfants.

Quelque douloureuse que cette ·perte fût
pour nous, elle ne mit aucun changement dans
nos affaires, ni dans notre condition. Georges
se trouvoit déjà âgé de 25 ans. Il étoit en état
de se charger de la conduite de sa famille ; & il
s'en chargea effectivement, après m'avoir prié
de lui accorder le secours ordinaire de mes conseils. Nous continuâmes durant quelques mois
de vivre dans la plus parfaite intelligence. Patrice étoit dans sa vingtieme année. Rose avoit
environ dix-sept ans. Leur conduite étoit sage,
& ne s'étoit jamais démentie ; car ce que j'ai
déjà dit de leur caractere n'y étoit, pour parler ainsi, qu'en semence, & ne se découvroit
point à d'autres yeux que les miens. Nous pa-
roissions donc plus tranquilles que jamais, lorsque, par des ressorts qui étoient encore dans le
secret de la Providence, il se préparoit pour
nous un avenir tout différent, une autre patrie,
une autre fortune, d'autres occupations &
d'autres soins, enfin des aventures, des peines
& des agitations sans nombre. C'est de ce point
que je commence proprement notre histoire.

Quoique le commerce ne soit pas florissant
dans toute la partie septentrionale de l'Irlande,
& qu'à l'exception de Londondery & de Carickfergus il y ait peu de places maritimes qui
soient fréquentées par les étrangers, on ne
laisse pas de voir aborder quelques vaisseaux
marchands dans les petites villes qui sont si-
tuées à l'embouchure des rivieres. Elles tirent de cette situation l'avantage de recevoir
directement leurs vins, leurs huiles, & les autres commodités que la nature a refusées à leur
isle. Killerine n'étant guere plus éloigné de
la

la mer que d'une lieue, reçoit de temps en temps
cette faveur par la riviere de Banne qui arro-
se ses murailles. Environ un an après la mort
de mon pere il arriva un vaisseau Français
chargé de vin, dont le Capitaine eut la civilité
de me faire une visite comme au chef des Catholiques de cette ville. C'étoit un jeune homme nommé des Pesses, d'une physionomie agréable, & d'une politesse rare dans un homme
de mer. Je le reçus avec l'honnêteté que je
crus devoir à un étranger, & particuliérement
à un Français, parce qu'ayant depuis long-
temps du goût dans notre famille pour la langue de cette nation, nous la savions parfaitement, mes freres, ma sœur & moi, & nous ne
pouvions nous défendre de quelqu'inclination
pour ceux qui la parloient. Le mérite que je reconnus dans monsieur des Pesses fut une nouvelle raison qui me porta à lui vouloir du bien.
Je le priai de venir librement chez moi; & non-
seulement je lui rendis tous les services qui convenoient à ses affaires, mais lorsque je crus le
connoître assez pour le traiter avec confiance,
je lui proposai d'aller voir ensemble mes freres
& ma sœur, à qui j'étois sûr que cette visite
seroit agréable. Nous fimes cette promenade plus
d'une fois, & monsieur des Pesses se fit tellement goûter dès la premiere, que je n'étois pas
bien reçu de mes freres ni de Rose lorsqu'ils
me voyoient arriver sans lui.

On s'imagine aisément que les délices de la
France revenoient dans toutes les conversa-
tions, & que monsieur des Pesses ne s'épar-
gnoit pas pour nous tracer de charmantes images du pays de sa naissance. La description qu'il
nous faisoit du Languedoc, de la Provence, &
de quelques autres parties du royaume, nous

I. Partie. B

paroiſſoit égale au ſéjour des Dieux ou des Fées. Il avoit demeuré long-temps à Paris, & tout ce qu'il nous rapportoit de cette ville fameuſe excitoit notre admiration. Il racontoit d'ailleurs avec grace. Georges & Roſe ne ſe laſſoient pas de l'entendre. L'inquiétude même de Patrice en recevoit du ſoulagement. C'étoit Orphée qui ſuſpendoit le tourment de Siſiphe & d'Ixion.

Un jour qu'ils paroiſſoient charmés de ſon entretien, il prit un ton plus grave, pour leur dire qu'il ne pouvoit s'empêcher d'être ſurpris qu'avec leur naiſſance, leur âge & leurs qualités perſonnelles ils euſſent pris le parti de s'enterrer dans un coin déſert de l'Irlande, tandis qu'ils avoient la liberté de la quitter & de ſe faire un ſort plein d'agréments dans le plus beau pays du monde ; que depuis vingt ans il étoit ſorti de notre iſle une infinité d'honnêtes gens, qui n'avoient guere été tentés d'y revenir après avoir goûté une fois les charmes de la France ; que d'un nombre infini d'exemples il ne vouloit leur citer que celui de monſieur Dillon qu'il avoit l'honneur de connoître, & qui s'étoit vu combler de toutes ſortes de faveurs preſqu'en arrivant à Verſailles ; que ſans compter la voie du ſervice militaire à laquelle ce gentilhomme s'étoit attaché, il y avoit mille chemins de fortune à choiſir tant à la Cour qu'à Paris ; qu'un étranger bien né & de bonne mine ne manquoit jamais de protection à la Cour du plus généreux & du plus grand de tous les Rois, dont les principaux ſujets pouvoient être regardés comme autant de Princes qui l'emportoient par les richeſſes & la magnificence ſur un grand nombre de Souverains, & qui mettoient leur gloire à ſuivre les exem-

ples de bonté & de générosité qu'ils recevoient
fans cesse de leur maître ; que pour ceux qui
manquoient leur fortune à la Cour, Paris offroit des ressources inépuisables ; que le jeu
seul y mettoit tous les jours dans l'opulence
une quantité incroyable de Français & d'étrangers ; que dans chaque quartier de la ville on
trouvoit des Académies, ou plutôt des four-
ces intarissables d'or & d'argent, où le bonheur
d'un moment faisoit puiser de quoi passer heureusement la plus longue vie ; qu'un homme
bien fait qui étoit sans goût pour le jeu, pouvoit encore avec moins de hazard se procurer
un établissement par le moyen des femmes ;
que les vieilles, les jeunes, les veuves & celles qui ne l'étoient pas, étoient également ido-
lâtres de la bonne mine, & qu'un jeune homme avec cette forte de mérite se voyoit marié,
lorsqu'il y pensoit le moins, à la plus riche héritiere de Paris ; que si les dames Françaises
avoient tant de foiblesse pour les hommes, les
Seigneurs & les personnes riches en avoient
encore plus pour les femmes ; qu'à la Cour,
à la ville, en province, une personne du mérite de Rose pouvoit s'assurer d'être adorée ;
qu'il n'y avoit point de rang, ni de fortune &
de richesses qui fussent au-dessus d'elle, ou
plutôt qu'elle ne dût s'attendre de voir mettre
à ses pieds. Enfin, pour achever encore plus ga-
lamment le tableau, monsieur des Pesses ajouta que le goût des arts, des sciences, celui de
l'esprit, de la vertu, de la beauté étant en
France au plus haut degré, il n'étoit permis ni à
mes freres ni à ma sœur, qui possédoient tous
ces talents réunis, de les ensevelir en Irlande, &
de priver son pays de la satisfaction que tout le
monde y trouveroit de les admirer.

B 2

Soit que ce difcours fût fait dans des vues férieufes, foit qu'il ne vînt que de la politeffe ordinaire aux Français, je remarquai qu'il avoit
fait une impreffion profonde fur mes freres &
fur ma fœur. Georges regardoit fucceffivement Patrice & Rofe d'un œil qui fembloit les
confulter, & je croyois voir auffi dans les yeux
de Patrice & de Rofe une réponfe telle que Georges la demandoit. Cependant, comme s'ils euffent eu de l'embarras à s'expliquer, ils évite-
rent d'abord de répondre directement à la propofition & aux flatteries de monfieur des Peffes.
Enfin Georges, las de cette violence, regarda
de nouveau fon frere & fa fœur pour s'affurer
de leur confentement, & fe tournant vers moi :
Je fuis bien éloigné, me dit-il, de m'appliquer
tout ce qu'il y a de flatteur dans les compliments
de monfieur des Peffes, & de me promettre
tout ce que fon honnêteté nous fait efpérer ;
mais puifque tant d'autres font paffés en France & s'en font bien trouvés, pourquoi ne pour-
rions-nous pas les imiter, s'il eft certain que nous
y fommes engagés par les mêmes raifons ? Il
me demanda enfuite ce que j'en penfois moi-
même.

J'avoue que je me trouvai à mon tour dans
un certain embarras, fur-tout lorfque le filence des deux autres m'eut perfuadé qu'ils étoient
dans le même fentiment que leur frere. Je connoiffois trop bien le fond de leur caractere pour
m'y tromper. Ma fœur avoit rougi de joie
lorfque monfieur des Peffes l'avoit affurée d'un
air flatteur qu'elle feroit adorée en France, &
qu'il n'y avoit point de pays où l'on rendît
plus de juftice au mérite des femmes. Georges
étoit ébloui du tableau brillant qu'on lui faifoit de Paris & de la Cour, & fur-tout de la fa-

cilité qu'il y avoit, avec un peu d'induſtrie, à
trouver les moyens de s'enrichir & de s'élever
aux honneurs. A la vérité l'exemple de monſieur Dillon étoit ſéduiſant : ce gentilhomme
avec lequel il avoit été élevé à Dublin , & qui
n'étoit ni plus riche , ni de meilleure maiſon
que nous , n'avoit point eu d'autre titre que lui
pour prétendre aux faveurs de la Cour. Enfin
je voyois bien que ces Académies où l'on
jouoit ſi gros jeu , & où le plus miſérable pouvoit eſpérer de devenir riche tout d'un coup ,
orſque la fortune vouloit le favoriſer un moment , achevoient de gagner Georges , & ne
lui permettoient déjà plus de regarder ſ'Irlande qu'avec mépris. Pour Patrice , il ſuffiſoit
de lui propoſer quelque choſe ſous un tour
nouveau pour lui en inſpirer le déſir ; non qu'il
conçût en effet beaucoup de goût pour ce qu'il
commençoit à déſirer ; mais parce qu'étant dé-
goûté de tout ce qu'il poſſédoit , ſon cœur ſe
promettoit plus de ſatisfaction dans le changement.

La ſeule réponſe que je leur fis , à eux & à
M. des Peſſes , roula ſur les difficultés d'une
telle propoſition. Un projet de cette importance , leur dis-je , ne s'exécute pas auſſi légérement qu'il ſe forme. Vous ne conſidérez
point ce que c'eſt que d'abandonner ſa patrie ,
pour paſſer dans un pays inconnu , où l'on eſt
incertain ſi l'on trouvera du ſupport & de la
protection. Croyez-vous qu'on vive de rien
en France ? Et ſans compter les frais néceſſaires du voyage , où vous flattez-vous de trouver de quoi fournir à vos premieres dépenſes
en arrivant à Paris ? Quand vous penſeriez à
vous défaire ici de votre patrimoine , vous ſa-
vez bien que ce n'eſt point une choſe aiſée en

Irlande , & qu'en suppofant qu'il fe préfente
une occafion de le vendre , vous n'en tirerez
jamais la valeur. On ne repliqua rien à des objections fi fortes ; mais fi l'on parut s'y rendre
dès la premiere fois, ce ne fut que pour méditer à loifir fur le moyen de les refoudre. En effet , quelques jours s'étant paffés , mon frere
Georges me prit en particulier , pour me dire
qu'après avoir délibéré mûrement avec Patrice & fa fœur, & après avoir tiré de monfieur
des Peffes toutes les lumieres qui pouvoient favorifer leur projet , ils s'étoient confirmés dans
la réfolution de quitter l'Irlande ; qu'à la vérité mes objections les avoient d'abord refroidis ,
mais qu'il ne tenoit qu'à moi-même de les détruire ; que fi je voulois non feulement confentir à leur départ , mais devenir le chef de leur
entreprife & le guide de leur voyage , ils n'ap-
préhendoient point les difficultés que je leur
avois fait prévoir ; qu'il n'y avoit point de
raifons qui duffent nous empêcher de nous défaire de notre patrimoine , lorfqu'il étoit queftion de former un établiffement plus agréable
& plus avantageux dans un pays charmant, où
l'on fe faifoit honneur de traiter civilement les
étrangers , & où l'exemple d'un grand nombre de nos compatriotes fembloit nous inviter ;
que pour peu que nous puffions tirer d'argent
de nos terres , il fuffiroit non-feulement pour
le voyage , mais pour vivre commodément à
Paris , jufqu'à ce que la Providence & la générofité des Français nous procuraffent quelqu'occafion de nous employer ; qu'ayant paffé utilement toute ma vie à l'étude , je ne devois pas douter que le Clergé de France ne me
traitât avec diftinction , & n'offrît auffi-tôt de
l'exercice à mes talents ; que nous trouverions

facilement à nous défaire de notre fœur, foit
en la mariant à Paris, où l'on difoit que la beauté étoit un chemin prefque infaillible à la fortune, foit en la plaçant honorablement auprès
de quelque Dame de la premiere diftinction ;
que pour lui & Patrice, ils avoient chacun leur
épée, & grace au Ciel affez de bon fang dans
les veines, pour s'ouvrir une route honorable
dans le métier des armes, s'il ne fe préfentoit
rien de plus avantageux pour leur établiffement ; qu'ils avoient befoin feulement que je
continuaffe à leur fervir de pere, comme j'a-
vois fait jufqu'alors avec une bonté extrême,
& qu'ils avoient tant de confiance dans ma fageffe & dans mon affection, qu'ils fe promet-
toient toute forte de profpérités fous ma conduite.

L'air dont il accompagna ce difcours me fit
connoître encore plus que fes raifons, qu'il
étoit abfolument déterminé à partir, & que je
ne gagnerois rien à combattre cette réfolution.
Mon embarras fut extrême. Je ne pouvois dif-
convenir que le parti qu'ils vouloient prendre
ne fût affez avantageux pour leur fortune, &
que dans l'âge où ils étoient, avec fi peu d'efpérance d'être jamais employés en Irlande, ni
même en Angleterre, ils n'euffent raifon de
penfer à s'établir dans quelque Etat catholique; mais je ne trouvois pas que mes intérêts
fuffent les mêmes, ni par conféquent que je
duffe me laiffer ébranler par les mêmes motifs.
Si je n'écoutois que mon inclination, j'étois
fatisfait de mon bénéfice, & l'ambition ne m'a-
voit jamais fait former d'autres vues. Si je con-
fultois mon devoir, il me fembloit qu'étant attaché par la Providence au troupeau qu'elle
m'avoit confié, je ne pouvois l'abandonner fans

infidélité. Je voyois arriver tous les jours en
Irlande des Missionnaires de France & des Pays-
Bas, qui quittoient leur patrie par le seul zele
de la religion, & qui venoient employer toute
leur vie à l'instruction des Catholiques, ou à la
conversion des Protestants : devois-je marquer
moins de zele que des étrangers pour le salut
de mes compatriotes ? Des considérations si justes auroient dû me retenir en Irlande malgré
moi-même, quand j'aurois eu quelque penchant à la quitter ; & elles devenoient encore
plus fortes, lorsqu'elles se trouvoient jointes
au goût que j'avois naturellement pour le séjour de Killerine & pour mon emploi.

Cependant après avoir fait inutilement quelques nouveaux efforts pour faire changer de
dessein à mes freres & à ma sœur, je me trouvai extrêmement partagé entre la tendresse que
j'avois pour eux, & les raisons qui devoient
m'arrêter. Les laisser partir seuls & les abandonner à eux-mêmes, étoit une autre espece de
crime dont je ne me sentois pas capable. Je me
souvenois des dernieres volontés d'un pere
mourant, & des saintes promesses par lesquelles nous nous étions engagés en sa présence,
eux à me respecter & à m'obéir, & moi à les aider par mes soins & par mes conseils. Cet engagement étoit le plus sacré de mes devoirs.
Je faisois réflexion d'ailleurs que les liens de
la nature l'emportent par eux-mêmes sur toutes
autres sortes d'obligations, & que si l'amour
du prochain nous est ordonné par l'Evangile,
c'est sans doute avec une juste proportion, dont
les différents degrés de proximité doivent toujours être la regle. Je n'avois rien de si proche
que mes freres & ma sœur ; je les aimois tendrement : ils méritoient mon affection. Ajou-

tez que, du caractere dont je les connoiſſois,
ils avoient beſoin tous trois preſqu'également
d'un guide, juſqu'à l'âge du moins où le feu
des paſſions ſe ralentit. Enfin, cette derniere
penſée leur fit emporter la balance. Il eſt certain, leur dis-je, que je me dois à vous plus
qu'au reſte du monde ; mais c'eſt en ſuppoſant
que votre affection répondra toujours à la
mienne, & que vous obſerverez religieuſement
mes conſeils, puiſque c'eſt le motif qui vous
fait déſirer que je parte avec vous. Ils me le
promirent avec joie. En conſentant ainſi à les
accompagner, je pris une autre réſolution,
dont je fus d'autant plus ſatisfait., qu'elle ſervit
en quelque ſorte à concilier tous mes devoirs.
Ce fut de ne me pas défaire abſolument de mon
bénéfice, & de faire regarder mon départ comme un voyage de courte durée, que j'entreprenois ſeulement pour conduire ma famille en
France. Je remis le ſoin de mon troupeau entre les mains de mon Vicaire. Mon intention
étoit effectivement de reprendre quelque jour
ce cher dépôt, & de retourner en Irlande, auſſi-
tôt que ma préſence ceſſeroit d'être néceſſaire à mes freres & à ma ſœur. Mais le Ciel me
préparoit un autre ſort, & le tenoit caché ſous
les voiles impénétrables de l'avenir. J'allois
commencer le cours de vie le plus étrange dont
il y ait jamais eu d'exemple dans un homme de
mon caractere & de ma profeſſion, & me trouver comme forcé à le ſuivre, par un enchaîne-
ment d'aventures ſi extraordinaires, qu'elles
méritent bien le ſoin que je vais prendre de les
écrire, pour les rendre utiles à l'inſtruction du
public.

Georges n'épargna rien pour trouver promptement une occaſion favorable de vendre le

bien de nos ancêtres. Dans un pays moins dé-
sert que l'Irlande, il en eût pu tirer de quoi nous
assurer une condition honnête, en quelqu'endroit de l'Europe que nous eussions choisi notre asyle ; mais tout étoit alors à si vil prix, sur-
tout dans notre misérable province , qu'il eut
peine à faire trois mille pistoles de ce qui n'en
valoit pas moins de dix mille. Il ne put même
se défaire de quelques biens de campagne qui
étoient dans le voisinage de Killerine ; de sorte
qu'étant réduit à la nécessité de les abandonner
tout-à-fait, je ne trouvois point d'autre expé-
dient que de les laisser au même Ecclésiastique
à qui j'avois confié le soin de mon troupeau.
Il les reçut avec la liberté de les faire valoir à
son profit, & sans autre charge que de les remettre fidelement à ceux qui les redemande-
roient par nos ordres.

Notre départ ne fut pas différé long-temps.
Mes freres étoient convenus avec monsieur
des Pesses que nous profiterions de son vaisseau pour le passage. Il eut l'honnêteté de nous
promettre qu'en notre faveur il relâcheroit à
Dieppe, d'où le chemin est court & facile jusqu'à Paris. Nous gagnâmes heureusement ce
port. M. des Pesses prit terre avec nous par
civilité, & sa compagnie nous procura une ren-
contre si avantageuse , que nous en tirâmes le
plus heureux augure pour la suite de nos entreprises. Etant le soir avec nous dans l'hôtellerie où nous étions logés , il y apperçut un Marchand Français de sa connoissance , avec sa femme qu'il connoissoit aussi , & quelques enfants
qu'ils avoient avec eux. Il les salua honnêtement ; mais la contrainte & l'embarras qu'ils
marquerent en le voyant, lui firent juger qu'ils
étoient fâchés d'avoir été reconnus. Il avoit

l'efprit pénétrant. Comme il les connoiſſoit
pour Proteſtants, que rien n'étoit alors ſi commun que d'en voir paſſer un grand nombre dans
nos Iſles pour y profeſſer leur religion, dont
l'exercice étoit interdit en France par les Edits
du Roi, il ne douta pas un moment qu'ils ne
fuſſent du nombre de ces fugitifs, & que la
crainte d'être arrêtés n'eût cauſé la peine qu'ils
avoient marquée de le voir. Lui, qui étoit fort
éloigné de leur rendre de mauvais offices, ſe
hâta au contraire de les délivrer de ce ſoupçon,
en les aſſurant qu'il pénétroit à la vérité leur
deſſein, mais que loin de s'oppoſer au mouvement de leur conſcience, il admiroit le zele
qui leur faiſoit préférer leur religion à leur
fortune. Ce diſcours ayant fait naître leur confiance, ils ne craignirent point de ſouper avec
nous, après nous avoir priés de ne rien laiſſer
échapper dans l'hôtellerie qui pût les trahir. Nous
admirâmes en ſoupant la bizarrerie de cette ren-
contre, & nous fîmes diverſes réflexions ſur la
conduite du Ciel, qui permet quelquefois que
l'erreur & la vérité aient tant de reſſemblance
dans leurs effets. Chacun de nous tournoit cette penſée à ſon avantage; mais c'étoit-là juſte-
ment ce qui cauſoit notre admiration. Le Marchand abandonnoit ſa patrie pour aller jouir
dans la nôtre de ce que nous venions chercher
dans la ſienne; car ſi la religion n'étoit pas le
ſeul motif qui nous amenoit en France, c'é-
toit du moins le principal, puiſque ſans cela
nous aurions pu penſer à nous établir en Angleterre. Nos vues étoient donc en effet les
mêmes; & nos principes étoient néanmoins ſi
oppoſés, que les uns ne pouvoient être vrais
ſans ſuppoſer la fauſſeté des autres: nous étions
obligés de reconnoître qu'en faiſant un des

plus grands facrifices que des hommes puiffent faire au Ciel, nous faifions les uns ou les autres une démarche fauffe & inutile.

Après quelques afpirations ferventes que cette penfée nous fit pouffer pour la converfion les uns des autres, M. des Peffes prit occafion de notre entretien pour demander au Marchand s'il avoit eu affez d'adreffe ou de bonheur pour mettre tous fes biens à couvert? Il répondit que la principale partie confiftant en marchandifes de tranfport & en argent comptant, il avoit eu la précaution de les faire paffer à Londres avant fon départ de Paris; mais que la crainte de fe trahir lui-même par quelque indifcrétion l'avoit empêché de fe défaire d'une jolie maifon de campagne qu'il avoit à quelque diftance de la ville, & qui tomberoit fans doute au pouvoir de fes parents lorfqu'ils feroient affurés de fon évafion. Le Ciel, s'écria M. des Peffes, en s'adreffant au Marchand & à moi, le Ciel m'infpire une penfée qui peut vous être à tous deux d'un extrême avantage. Vous avez laiffé, me dit-il, quelques terres en Irlande, & Monfieur en laiffe une aux environs de Paris. Puifque vous êtes réfolus tous deux de changer de patrie, que ne faites - vous enfemble un échange de biens, qui fervira du moins à vous faire fauver quelque chofe du naufrage, & qui empêchera que des étrangers ne profitent de vos dépouilles? Je n'y vois nulle difficulté, ajouta-t-il, car vous ne vous arrêterez point à l'inégalité des lots, de quelque côté qu'elle puiffe être; puifque vous êtes déjà déterminés à tout perdre, & j'oferois vous garantir qu'avec le motif qui vous conduit chacun de votre côté, vous obtiendrez fans peine, vous en France, & vous

en Angleterre , d'être mis en poffeffion des
biens l'un de l'autre. Muniffez-vous feulement
tous deux d'un acte de vente ou de donation ,
qui vous ferve de fondement pour y prêten-
dre. Un peu de faveur & de protection fera
le refte.

Le Marchand ne parut pas incertain un moment, lorfqu'il fut affuré par M. des Peffes
que j'avois laiffé effectivement quelques biens
en Irlande ; ni moi , après avoir reçu les mêmes affurances. Nous ne penfâmes plus qu'à
faire les deux actes dans les formes ordinaires , & nous nous féparâmes également fatis-
faits les uns des autres. Je n'oublierai point le
nom de cet honnête homme, à qui notre famille eft ainfi redevable des prémices de fon
établiffement en France. Il fe nommoit M.
de Lézeau. La reconnoiffance que nous crû-
mes lui devoir , & qui n'étoit pas diminuée
par celle qu'il nous devoit lui-même, nous
porta à demeurer huit jours à Dieppe pour
favorifer leur départ.

Je fus fort étonné , lorfque nous nous difpo-
fâmes à quitter cette ville , d'entendre dire à
M. des Peffes que fon deffein étoit de nous
accompagner jufqu'à Paris , & que fe repo-
fant fur la fageffe de fon Lieutenant , il lui laifferoit la conduite de fon vaiffeau pendant le
refte de la route. Je ne m'y oppofai que foiblement, comme on fait à une civilité exceffive
qu'on n'eft pas fâché de recevoir. Ayant fait
un long féjour à Paris , il pouvoit nous y rendre des fervices confidérables en arrivant , &
fur-tout nous faciliter les moyens de tirer quelque fruit de l'acte de M. de Lézeau. Mais
cette ardeur de nous obliger me fit ouvrir les
yeux fur une chofe dont je n'avois pas eu juf-

qu'alors la moindre connoiffance. M. des
Peffes étoit devenu fenfible au mérite de ma
fœur. Il ne pouvoit fe réfoudre à la quitter.
Ainfi ce que je croyois devoir à fa politeffe,
n'étoit qu'un effet de l'amour. Cette décou-
verte ne me caufa pas d'inquiétude. Au contraire, dans l'efpérance où j'étois que l'efprit
& la beauté de Rofe pourroient lui fervir de recommandation en France pour trouver quelqu'établiffement avantageux, je me flattai que,
fans aller plus loin, fa bonne fortune lui offroit
dans monfieur des Peffes tout ce qu'elle pouvoit défirer. Il étoit jeune & bien fait, fa dépenfe me faifoit juger qu'il étoit riche; & quoiqu'il ne fût point d'une naiffance égale à la nôtre, la fituation de nos affaires & la qualité
d'étranger devoient nous rendre moins déli-
cats fur cette inégalité.

Je vis donc d'un œil fort traquille fon affi-
duité auprès de ma fœur, & les marques qu'il
lui donnoit continuellement de fon affection.
Mes deux freres, qui s'en apperçurent comme
moi, les regarderent de même; & lorfqu'ils
m'eurent fait connoître ce qu'ils avoient remarqué, nous nous accordâmes tous trois, à
penfer que la recherche de M. des Peffes étoit
un avantage pour elle & pour nous. L'opinion
que nous avions prife de lui ne fit qu'augmenter à Rouen, où il nous procura la connoiffance d'un grand nombre d'honnêtes gens, qui
étoient les amis de fon pere ou les fiens, & de
qui nous tirâmes adroitement tous les témoignages qui pouvoient nous affurer de fon bien,
& finon de la nobleffe de fa famille, du moins
de la confidération où elle étoit dans fon pays,
& du rang honorable qu'elle y tenoit dans la
robe & dans le commerce. Nous reçûmes

même à Rouen quelques lettres de recommandation de plusieurs personnes du premier ordre, auxquels il avoit communiqué l'échange de biens que j'avois fait avec M. de Lézeau, & qui nous offrirent en sa faveur tout le crédit qu'ils avoient à la Cour par eux-mêmes ou par leurs amis.

Nous arrivâmes à Paris dans un temps où l'abondance y régnoit, & où le luxe & les plaisirs paroissoient être de toutes les conditions. Ce spectacle fut nouveau pour nous, qui n'avions vu jusqu'alors que de la pauvreté & de la misere dans les villes désertes d'Irlande. Je remarquai d'une maniere sensible l'effet que ce changement produisit sur mes freres & sur ma sœur. Avant que de penser à des entreprises sérieuses, nous prîmes quelques jours pour nous remettre de la fatigue du voyage. Mais je fus le seul qui profitai de ce repos. Du matin au soir mes freres étoient à parcourir la ville, à lier des connoissances, & à s'introduire dans tous les lieux où ils pouvoient obtenir la liberté d'entrer. Ma sœur passoit les jours entiers à sa fenêtre, avec une curiosité avide de tout voir & de tout entendre, & comme enchantée de la magnificence des habits & des équipages qui se présentoient à ses yeux. Le soir, lorsque l'heure du souper nous rassembloit, j'étois obligé d'essuyer les récits éternels de Georges, qui nous racontoit tout ce qu'il avoit vu ; & ceux de Rose, qui n'étoit pas moins charmée de tous les objets qui l'avoient occupée dans son poste. Le goût ou plutôt la passion qu'ils avoient pour le monde se déclaroit jusques dans l'air de leur visage & dans le ton de leurs discours. Je ne doute pas que leur imagination ne les servît fidelement pendant le fommeil, & qu'elle ne leur repréfentât encore plus vivement ce qu'ils avoient admiré pendant le jour. Patrice, au contraire, revenoit mélancolique & rêveur. A peine ouvroit-il la bouche pour prononcer quelques paroles. Il paroiffoit méditer quelque chofe d'extraordinaire, fans que je puffe démêler fi fa rêverie venoit de trifteffe ou de joie.

De quelque maniere qu'elle dût être expliquée, j'en augurai mieux que de la diffipation exceffive des deux autres. M. des Peffes avoit pris un logement différent du nôtre ; & fa premiere attention en arrivant avoit été de s'informer dans quel état M. de Lézeau avoit laiffé fes affaires à fon départ. Il les trouva telles que nous l'avions appris de lui-même. Ses parents affurés de fa fuite n'avoient pas balancé à fe mettre en poffeffion de ce qui lui avoit appartenu, & la maifon de campagne n'avoit pas été oubliée. Quoique nous duffions nous attendre à quelques difficultés pour faire valoir nos droits, le zele & l'induftrie de M. des Peffes vinrent à bout de les lever. Il ne me laiffa point d'autre peine que celle de rendre quelques vifites à M. le Chancelier, à M. le Premier Préfident & à M. l'Archevêque de Paris. La protection de ces trois Seigneurs, qu'il avoit eu le crédit de nous ménager, abrégea les procédures & nous rendit enfin poffeffeurs paifibles du bien de M. de Lézeau. Nous remerciâmes la Providence de nous avoir accordé fi facilement cette petite retraite, dont la premiere vue nous avoit paru extrêmement agréable. Elle eft à trois quarts de lieue de Paris, & dans une fituation fi charmante qu'elle peut paffer pour un lieu de délices.

Après nous avoir rendu cet important fervice, M. des Peffes, qui ne pouvoit pas douter
de notre reconnoiffance, & qui avoit eu plus
d'une occafion de s'affurer de notre eftime,
cherchа le moyen de s'ouvrir à moi fur les intentions qu'il avoit pour ma fœur. Il ignoroit
entiérement que je les euffe pénétrées. Son
compliment fut court & fans affectation, mais
prononcé d'un ton fort timide. Je lui répondis auffi-tôt d'un air à guérir fa défiance, qu'il
ne me demanderoit jamais rien que je ne fuffe
difpofé à lui accorder ; que fa générofité & le
zele qu'il avoit marqué pour les intérêts de
notre famille méritoit ce jufte retour ; que je
me croyois même très-heureux qu'il nous offrît lui-même l'occafion de nous acquitter
en fatisfaifant fon cœur par l'endroit le plus
tendre ; enfin que s'il eftimoit affez ma fœur
pour fouhaiter d'en faire fon époufe, non-
feulement j'y donnois les mains de bon cœur,
mais que s'il ne l'avoit pas encore difpofée
elle-même à confentir à leur mariage, je lui
promettois d'employer mes foins pour la rendre telle qu'il défiroit. La joie qu'il fit paroître de cette réponfe me fit connoître alors
pour la premiere fois ce que je n'ai jamais fenti
par expérience, mais ce qu'une infinité d'autres exemples ne m'ont que trop confirmé
dans la fuite : je veux dire que le tranfport où
je vis monfieur des Peffes, qui étoit naturellement mefuré dans toutes fes actions, m'apprit non-feulement que l'amour eft une paffion violente, mais qu'elle s'empare de l'imagination auffi fouverainement que du cœur,
& qu'étendant fa tyrannie fur le corps & fur
l'ame, elle trouble tout à la fois le fang & la
raifon.

Ce tendre jeune homme se laissa tomber a
mes genoux, qu'il embrassa avec un mouvement tout passionné, & ne trouvant point
de termes pour s'exprimer, il y demeura quelque temps dans un silence plus éloquent que
toutes les expressions. Enfin revenant à lui-
même, il me fit les remerciements les plus vifs;
& la moindre chose qu'il m'offrit fut la dispo-
sition de sa vie & de sa fortune. J'avois été fort
éloigné jusqu'alors de le croire si amoureux.
Mais ce qu'il ajouta fit croître encore l'idée
qu'il venoit de me donner de sa passion. Comme il n'y a rien de si aimable que mademoiselle
Rose, me dit-il, il est impossible aussi qu'elle
inspire jamais plus d'amour. C'est un secret
que je vous ai caché jusqu'à présent, & dont
elle ne sait elle-même qu'une partie ; car il
n'est pas croyable qu'elle eût la dureté qu'elle marque pour moi, si elle connoissoit toute ma tendresse. Là-dessus il me raconta que
sa passion étoit née en Irlande ; que dès ce
pays-là il avoit eu la hardiesse de la déclarer ;
que, loin d'être rebuté, il avoit trouvé d'abord
assez d'indulgence pour espérer beaucoup de
l'avenir, & qu'il avoit continué de se flatter
depuis Killerine jusqu'à Paris : mais que par
un changement dont il ignoroit la cause, &
qui le mettoit au désespoir, il se trouvoit depuis quelque temps si reculé dans ses espérances, qu'il n'osoit plus aborder ma sœur qu'en
tremblant ; qu'au lieu de cette douceur & de
cette bonté dont elle ne lui refusoit pas quelques marques légeres, elle ne le traitoit plus
qu'avec un mépris & des dédains qui lui per-
çoient le cœur ; que c'étoit cette raison qui
lui avoit fait naître la pensée de s'ouvrir à
moi, pour se rendre un peu plus hardi par mon

approbation, s'il étoit affez heureux pour l'obtenir ; que la crainte avec laquelle il avoit ouvert la bouche pour s'expliquer ne pouvoit être égalée que par la joie qu'il reffentoit de ma réponfe ; que l'eftime & l'amitié dont j'avois bien voulu l'affurer étoient pour lui une confolation des plus douces ; mais que fi je lui permettois d'en attendre quelques témoignages, c'étoit en le rétabliffant dans le cœur de Rofe que je lui rendrois le feul fervice auquel il pût être fenfible.

J'écoutai avec beaucoup d'attention un difcours dont tous les termes étoient fort nouveaux pour moi. Je ne pouvois ajouter à ma première réponfe que la confirmation de ce que j'avois déjà promis. Je fuis d'un âge, dis-je au trifte M. des Peffes, & d'une profeffion qui ne me permettent guere d'entrer dans le fecret de vos petits chagrins d'amour. Cependant le détail que vous m'avez fait fervira à redoubler le défir que j'ai de vous obliger, & je parlerai aujourd'hui à ma fœur dans le fens le plus conforme à vos inclinations. En effet, j'allai la chercher fur le champ. Je la trouvai dans fa chambre, occupée à fe parer, & recevant les avis de Georges, qui l'informoit des dernieres modes, & qui l'aidoit à les fuivre. Je leur demandai quel étoit le deffein d'une parure fi affectée. Georges répondit qu'il avoit propofé à fa fœur de la conduire à la promenade, & qu'étant à Paris, il ne convenoit point qu'elle fût vêue comme une Villageoife d'Irlande. N'ayant aucune raifon d'interpréter mal cette réponfe, je me contentai de leur faire une courte morale fur la fuperfluité de certains habillements, & fur la puérilité des modes. En France, leur dis-je, il eft vrai qu'on se rendroit ridicule en refusant d'obferver les modes ; mais je fais qu'en France même on fait pitié aux perfonnes de bon fens lorfqu'on les fuit avec trop d'affectation. Retenez cette regle, ajoutai-je, qui eft d'un excellent Auteur Français : » Les femmes raifonnables re- » çoivent les modes, & n'y ajoutent rien ; elles » ne font jamais les premieres à les fuivre, ni » les dernieres à les quitter. « Ils ne purent s'empêcher d'approuver ma réflexion ; mais ils n'étoient plus l'un & l'autre en état de la goûter & de la fuivre.

Je changeai de difcours pour apprendre à Rofe le motif qui m'amenoit dans fa chambre. Je lui expliquai naturellement le deffein de M. des Peffes, & les fentiments qu'il avoit pour elle. J'ajoutai que dans l'état de notre fortune je regardois la propofition qu'il m'a- voit faite de l'époufer, comme un véritable avantage ; & que fi elle prenoit mon confeil, j'étois d'avis qu'elle acceptât fa main fans ba- lancer. Georges étoit témoin de cet entre- tien, & je ne doutois point qu'ayant marqué à Dieppe les mêmes fentiments que moi à l'é- gard de ce mariage, il ne joignît fes inftances aux miennes pour y faire confentir fa fœur. Cependant il fut le premier à répondre qu'il étoit furpris de me voir oublier fi-tôt qui nous étions nés, & propofer un Marchand de vin pour époux à la fille du Comte de.......; que pour lui s'il avoit quelque confeil à donner à fa fœur, c'étoit de demeurer fille toute fa vie plutôt que de confentir à une alliance fi iné- gale. Rofe ne me fit entendre que quelques paroles, mais qui marquoient la même répu- gnance à fe rendre. Le cœur ne fe conduit pas par contrainte. D'ailleurs quelque fupério-

rité que l'âge & le respect volontaire de mes
freres & de ma sœur m'eussent fait prendre sur
eux jusqu'alors, il ne m'étoit jamais arrivé de
les traiter avec hauteur, ni d'exiger d'eux plus
que de l'amitié. Ainsi sans marquer à Rose
que je fusse mécontent de sa réponse, je me
bornai à lui représenter toutes les raisons qui
m'avoient persuadé moi-même de l'avantage
qu'il y avoit pour elle à recevoir les offres que
je lui faisois; & pour satisfaire à la parole que
j'avois donnée à M. des Pesles, je lui recommandai de traiter du moins avec un peu plus
d'honnêteté & de complaisance un homme à
qui nous avions de si justes obligations. Mes
dernieres paroles la firent sourire; & sans s'expliquer davantage elle regarda Georges d'un
air qui signifioit quelque chose; mais que je
ne pus comprendre.

Ils sortirent ensemble. La nuit étoit fort
avancée lorsqu'ils revinrent au logis. Quelqu'inquiétude que m'eût causé leur absence,
j'avois encore si bonne opinion de leur conduite, que je m'étois mis au lit à l'heure ordinaire; de sorte que je ne fus informé que le
lendemain de celle de leur retour. Le hazard
me fit apprendre aussi avant leur réveil dans
quelle occupation ils avoient passé la meilleure partie de la nuit. M. des Pesles m'étant
venu voir le matin, n'attendit pas que je lui
eusse rendu compte de ce que j'avois fait la
veille en sa faveur, pour me faire connoître l'o-
pinion qu'il en avoit déjà. Il me dit d'un air
affligé, que personne n'étoit si à plaindre que
lui, & qu'il n'avoit plus même d'espérance
dans mes promesses & dans les secours de mon
amitié. Il me raconta que l'envie de dissiper un
peu ses chagrins l'ayant conduit la veille à la

Comédie, il avoit vu Rofe, mais dans une
parure fi brillante, qu'il n'avoit pu croire qu'elle y fût venue fans deffein; qu'en effet, la loge
où elle étoit d'abord feule avec fon frere, s'é-
toit remplie peu à peu de jeunes Seigneurs,
qui. n'avoient point tardé à lier connoiffance
avec elle; qu'il en étoit furvenu un plus âgé,
auquel les autres avoient cédé la place, par
déférence apparemment, & qu'il n'avoit pas
ceffé un moment de marquer une vive admiration pour fes charmes; que s'étant informé
qui il étoit, on lui avoit appris que c'étoit le
Duc de............; c'eft-à-dire, ainfi qu'on l'en
avoit affuré en même-temps, l homme de la
cour de France qui étoit le plus paffionné
pour les femmes, & qui refpectoit le moins
l'honneur & les bienféances pour fe fatisfaire:
qu'après le Spectacle ce Seigneur avoit offert
apparemment fon carroffe à Rofe; mais qu'il
étoit certain qu'elle y étoit montée avec le
Duc & mon frere; qu'il avoit eu la curiofité
de les fuivre, & qu'il les avoit vu defcendre à
l'Hôtel de............ où le Prince de ce nom donnoit un grand fouper, qui devoit être fuivi du
bal; que l'amour ou plutôt la jaloufie l'a-
voit porté à fe mafquer pour s'introduire dans
l'affemblée fous ce déguifement, & que pendant une partie de la nuit il y avoit vu Rofe
briller, danfer, s'attirer les regards, recevoir
les flatteries qu'on lui faifoit fur fa beauté, &
marquer fur-tout beaucoup de complaifance
& d'attention pour le Duc, qui ne s'étoit pas
éloigné d'elle d'un moment; qu'à la vérité fon
frere ne l'avoit pas quittée non plus; mais que
pour lui, à qui cette funefte nuit faifoit ouvrir
les yeux, il ne voyoit que trop, par le changement des inclinations de Rofe, qu'il n'avoit
plus rien à efpérer de fon affection.

Non-seulement le chagrin de M. des Pesses m'inspira beaucoup de compassion pour ses peines, mais, par un pressentiment de celles dont j'étois menacé, je me trouvai presqu'aussi inquiet & aussi affligé que lui. Je commençai à ouvrir aussi les yeux sur les difficultés de l'emploi dont je m'étois chargé, & sur le danger où j'étois de voir mes conseils méprisés par mes freres & par ma sœur. Les querelles & la division ne pouvoient manquer d'en être la suite; & par une conséquence plus triste, je prévoyois qu'ils alloient tomber dans le libertinage, perdre de vue les raisons qui nous avoient amenés en France, oublier qu'ils ne pouvoient s'y procurer un établissement solide que par leur sagesse & leur bonne conduite, dissiper peut-être follement le peu de bien que nous y avions apporté, & m'obliger à la fin de les abandonner pour retourner à Killerine. C'étoit pénétrer bien avant dans l'avenir que de porter déjà si loin ma prévoyance & mes craintes; mais si l'on considere, comme je faisois alors, qu'après m'être engagé au voyage de France presque malgré moi, & sans autre motif que mon affection pour ma famille, j'avois droit d'attendre que je trouverois toujours dans mes freres & dans ma sœur la docilité & la soumission qu'ils m'avoient promise, on ne sera pas surpris que je fusse vivement piqué du changement de leurs manieres, & que je donnasse une si mauvaise explication aux premieres apparences du déréglement de leur conduite. Aussi pris-je sur le champ la résolution de m'expliquer avec eux, & de leur déclarer nettement qu'ils n'avoient point de fond à faire sur moi, s'ils ne répondoient aux idées qu'ils m'avoient fait concevoir en Irlande.

Je priai M. des Pefles de fe retirer , pour me
laiffer la liberté d'exécuter mon deffein. Je les
fis appeller auffi-tôt tous trois, & quoique je
n'euffe rien appris fur le compte de Patrice qui
méritât auffi mes reproches, je crus qu'une leçon de morae ne pouvoit lui être inutile. Ils
vinrent. Je leur recommandai d'un ton honnête d'écouter avec attention quantité de chofes que j'avois à leur dire. Je commençai par
leur rappeller dans quelles difpofitions ils m'a-
voient témoigré qu'ils étoient lorfqu'ils m'a-
voient fait la première propofition du voyage
de France. Vous avez fu me perfuader, leur
dis-je, que votre vue étoit d'accorder les devoirs de votre religion avec ceux de votre
naiffance ; c'eft à-dire de chercher un pays où
vous puiffiez efpérer de vous rendre propres à
quelque chofe dans le monde, fans être obligés
de quitter la foi de vos ancêtres pour vous attirer les faveurs de la fortune. J'avoue qu'un tel
motif a pu vous faire fouhaiter avec raifon d'a-
bandonner votre patrie. Pour moi, vous favez quel a été le mien. Je n'en ai point eu d'autre que ma tendreffe pour vous, & le fouvenir
des promeffes que j'ai faites à un pere expirant.
J'étois tranquille à Killerine. L'ambition ne
me portoit à rien qui ne s'accordât avec les devoirs de ma confcience. Ma fortune étoit bor-
née par mes propres défirs. Cependant je n'ai
pas fait difficulté d'abandonner mon emploi ,
le feul peut-être qui convenoit à mes inclinations, pour me rendre le chef & le guide de vos
entreprifes : c'eft la qualité que vous m'avez
forcé d'accepter. Mais vous fouvenez vous à
quelles conditions j'y ai confenti ? La premiere étoit que vous prendriez ici toutes les voies
qui conviennent à l'honneur & à la religion
pour

pour vous conduire à quelqu'établissement. La seconde, que vous n'entreprendriez rien sans me communiquer vos desseins, & sans avoir reçu mes conseils. Si vous avez été fideles à ces deux promesses, je le serai à toutes les miennes, & j'attends du Ciel qu'il bénira nos entreprises. Mais si vous êtes déjà tels que j'ai honte de vous le reprocher, & que vous rougirez sans doute de me l'entendre dire, comment vous flattez-vous que je puisse approuver vos désordres, & conserver la moindre liaison avec vous ? Alors, sans leur laisser un moment pour se reconnoître, je leur répétai tout ce que j'avois appris de monsieur des Pesses, & j'affectai de donner un ton odieux aux circonstances mêmes les plus légeres & les plus excusables. Une fille, dis-je à ma sœur, qui en moins de quinze jours a renoncé à toute bienséance & à toute pudeur ; qui va se livrer d'elle-même aux caresses & aux flatteries des hommes ; qui se trouve en liaison tout-d'un-coup avec le Seigneur le plus débauché de la Cour: un jeune homme, continuai-je avec la même chaleur en m'adressant à mon frere, qui se rend le ministre des mauvaises inclinations de sa sœur, qui ouvre lui-même le chemin de la débauche, qui cherche volontairement à se perdre, & qui entraîne toute sa maison avec lui dans le précipice : quelle étrange maniere de travailler à s'établir en France par les voies de l'honneur & pour la cause de la religion ! ou plutôt quel horrible commencement de ruine & d'infamie !

On voit que mes reproches les plus vifs tomboient sur Rose, quoique ce fût Georges sans doute qui fût le plus coupable. Mais je ne faisois point cette différence sans dessein. L'hon-

neur des perſonnes de ſon ſexe étant plus dé-
licat que celui des hommes , & les précautions par conſéquent plus néceſſaires pour aſ-
ſurer leur conduite & leur réputation , j'étois
bien aiſe d'effrayer ma ſœur par les plus af-
freuſes images du vice & de la honte, & de
groſſir un peu ſon imprudence & ſes fautes.
Auſſi fut-elle ſi frappée de mon diſcours ,
qu'elle ſe mit à verſer un ruiſſeau de larmes ,
tandis que Georges employoit tout ſon eſprit
pour donner un tour favorable à ce qu'ils
avoient fait enſemble. Il avoit cru , me dit-il,
que, ſuivant le projet que nous avions formé
dès l'Irlande de marier Roſe honorablement ,
ou de la placer auprès de quelque dame de diſtinction , il étoit à propos qu'elle ſe fît voir
dans le monde , & qu'elle s'y fît quelques con-
noiſſances ; qu'il l'avoit menée dans cette vue
à la promenade & à la Comédie ; qu'il n'avoit
pu empêcher qu'elle n'y fût traitée civilement
par pluſieurs perſonnes de qualité & d'honneur ; qu'au reſte il ignoroit quel étoit ce Seigneur débauché avec lequel je l'accuſois d'ê-
tre en liaiſon ; qu'à la vérité M. le Duc de....
après s'être approché de Roſe & s'être informé
du nom de notre famille , leur avoit fait à
tous deux des offres d'amitié & de ſervice , &
leur avoit propoſé de les produire à l'Hôtel
de..... ; que c'étoit ſans doute une maiſon où
l'òn pouvoit entrer ſans honte ; qu'ils y avoient
été reçus avec diſtinction , & que devant penſer à faire leur entrée dans un certain monde ,
c'étoit un bonheur pour eux d'en avoir trouvé
ſi facilement l'occaſion ; qu'il s'applaudiſſoit
en particulier d'avoir obtenu à ſi peu de frais
l'eſtime & la protection d'un Seigneur tel que
le Duc de........ ; qu'il lui avoit promis de

prendre en main les intérêts de notre famille,
& qu'il avoit poussé la bonté & la complaisance jusqu'à s'informer du détail de nos affaires
& du lieu de notre demeure ; enfin que , ne
voyant rien de tout ce qui s'étoit passé qui méritât le nom de désordre, de crime, de débauche , il étoit surpris de la dureté avec laquelle je
le traitois, & des titres odieux que j'avois donné à sa conduite.

Si cette apologie étoit sincere , il est certain
que je ne pouvois l'accuser que d'imprudence.
Peut-être ignoroit-il encore le caractere du
Duc, & le danger auquel il venoit d'exposer
sa sœur. Cette pensée me fit adoucir un peu
mes expressions. Je veux bien avouer , lui dis-
je , que vos intentions peuvent vous rendre plus
excusable ; mais elles n'empêchent point que
vous n'ayez tort dans le fond, puisque ce qui
pouvoit convenir ici à vos intérêts , étoit tout-
à-fait contraire à l'honneur de Rose. Avec
quelque sagesse qu'elle ait pu se conduire ,
quelle opinion a-t-on dû prendre d'une fille
qui a choisi pour guide aux premiers pas qu'elle
a fait dans le monde un Seigneur décrié par
ses vices ; qui s'est fait présenter par sa main ;
qu'on a vu sortir avec lui de son carrosse ,
& qui a passé familiérement toute la nuit à l'entretenir ? Je vous apprends , ajoutai-je en regardant Rose , que , soit injustice ou raison, les
jugements du monde se forment toujours sur
les premieres démarches. Peut-être le coup mortel est-il déjà porté à votre réputation. Ignorez-
rez-vous que cette perte ne se répare jamais ?
D'ailleurs , pour peu que vous eussiez réfléchi
tous deux sur la situation présente de notre fortune, vous auriez dû juger que ce n'est point
par la comédie & par le bal qu'il faut com-

mencer l'ouvrage de notre établissement. Si ces frivoles occupations font quelquefois pardonnables, ce ne peut être qu'après qu'on a satisfait à tous ses devoirs ; le plus important des vôtres est de vous attirer les faveurs du Ciel par une conduite réglée, qui vous fasse mériter ici l'estime & la protection des honnêtes gens.

Je ne m'arrête à ce détail que pour justifier ma propre conduite, & pour faire voir qu'il n'y avoit point d'injustice dans mes plaintes, ni trop de rigueur dans mes conseils. Cependant je ne pus réussir à les faire goûter à mon frere. Il s'obstina à prétendre que je ne devois point le condamner d'avoir profité d'une si heureuse occasion de se faire des amis & des protecteurs ; & pour ce qui regardoit l'honneur de Rose, il soutint avec la même opiniâtreté qu'elle n'avoit pu donner le moindre fondement aux soupçons ni à la médisance lorsqu'elle étoit avec lui, & qu'elle s'étoit comportée avec la retenue qui convenoit à son sexe.

Nous nous séparâmes assez mal satisfaits l'un de l'autre. Rose me fit quelques excuses en quittant ma chambre, & j'eus du moins la satisfaction de croire qu'elle avoit reçu mes avis plus docilement que son frere. Ce n'est pas que je le soupçonnasse dans le fond de s'être rien proposé de contraire au devoir, ni d'être moins jaloux que moi de l'honneur de sa sœur ; mais je remarquois avec chagrin que nos idées sur cet article étoient tout-à-fait différentes. Il n'attachoit l'honneur d'une femme qu'à la sagesse extérieure de la conduite & des manieres, & ne redoutant que la censure des hommes, il croyoit la réputation de sa

fœur en fûreté lorfque le dehors étoit à couvert. Pour moi qui confidérois les chofes d'un
autre œil, je faifois peu de fond fur des vertus
qui ne tirent pas leur fource de plus loin ; &
connoiffant fur-tout le caractere de Rofe, je
craignois avec raifon que fon cœur ne fût capable de s'amollir ; d'où il arriveroit tôt ou
tard que, malgré fon courage à fauver les apparences, elle fe trahiroit par quelque foibleffe, ou qu'elle auroit du moins à combattre
infiniment pour s'en défendre. En effet, je ne
m'imagine rien de fi affreux que la condition
d'une femme aimable, lorfqu'étant foible par
le cœur, elle fent en même temps la néceffité
des loix qui l'obligent à fe contraindre. Quel
horrible état que d'avoir fans ceffe de la violence à fe faire pour dérober aux yeux d'autrui
ce qu'on fe plaît à nourrir délicieufement dans
foi-même !

J'aurois donc fouhaité, pour affurer tout
à la fois le repos & la vertu de Rofe, qu'elle
n'eût commencé à voir le monde que par degrés. Son intérêt n'ayant pas eu moins de part
que celui de fes freres à la réfolution que j'a-
vois prife de quitter l'Irlande, j'aurois eu le
temps de fortifier fon cœur, ou de l'armer du
moins de défiance & de précaution. Mais depuis notre arrivée à Paris, Georges avoit pris
fur elle un certain afcendant qui me fit craindre de la trouver moins docile ; & s'il étoit capable par fa vigilance & fes confeils de faire
d'elle une femme fage, fuivant les idées du
monde, il n'étoit propre à rien moins qu'à la
rendre vertueufe.

Malgré le petit reffentiment qui nous reftoit
peut-être à tous deux, nous ne laiffâmes pas
de nous voir à l'heure du dîner avec les mar-

ques de notre affection ordinaire. J'obfervai
enfuite la coutume que j'avois de me retirer à
ma chambre, pour y paffer feul une partie de
l'après-midi. J'y étois depuis une heure ou
deux, lorfque j'entendis le bruit d'un carroffe
qui s'arrêtoit à la porte du logis, & la voix de
plufieurs perfonnes qui s'informoient où demeuroit ma fœur. Je mis la tête à la fenêtre au
moment qu'on leur apprenoit qu'ils étoient
chez elle, & je vis defcendre du carroffe un
homme vêtu magnifiquement, qui fe fit introduire dans la maifon. Je ne pus douter un inftant que ce ne fût M. le Duc de....... Une
vifite fi peu prévue me jetta dans une étrange
furprife, & j'eus peine à me perfuader d'abord
qu'une fille de l'âge de Rofe ofât l'accepter.
Je m'attendois du moins que Georges trouveroit quelque moyen de la faire difparoître, &
que fe préfentant auffi-tôt pour recevoir M.
le Duc, il lui feroit civilement les excufes de
fa fœur. Tout ce que j'attendois n'arriva point.
Ce fut Georges, à la vérité, qui reçut le Duc ;
mais Rofe ne fe fit pas preffer pour paroître, &
fon frere ne penfa pas même à l'en détourner.
La converfation dura plus d'une heure, & me
parut durer à moi plus de quatre jours. J'em-
ployai tout ce temps à me promener à grands
pas dans ma chambre. J'en fis cent fois le tour,
fans faire réflexion fi j'étois affis ou debout.
L'inquiétude, le chagrin, l'impatience, &
cent autres mouvements qui m'agitoient, ren-
dirent cette heure une des plus infupportables
de ma vie.

Enfin le départ de M. le Duc me délivra
de cette mortelle contrainte. Je ne veux pas
le diffimuler ; foit charité chrétienne, foit
tendreffe pour ma fœur, foit zele pour l'hon-

neur de ma famille, je defcendis brufquement
de ma chambre, & gardant beaucoup moins
de ménagements que je n'avois fait la premiere
fois, je fis à mon frere des reproches auffi vifs
que ma crainte, & auffi preffants que le danger.
Je ne balançai pas même à lui déclarer que, fi
j'avois pris la démarche du jour précédent
dans le fens le plus favorable, il ne m'étoit
plus poffible de m'aveugler fur ce qui fe paffoit
à mes propres yeux ; que cette vifite du Duc
de..... me paroiffoit concertée ; que de quelques prétextes qu'on entreprît de la colorer,
une perfonne de ce rang ne s'abaiffoit point
à venir voir une jeune étrangere, fans biens,
inconnue encore à Paris, s'il n'y étoit porté
par des motifs plus forts que la civilité, &
pour m'expliquer nettement, s'il n'avoit des
vues conformes à fes vicieufes inclinations ;
que j'avois honte de pénétrer plus avant dans
ce myftere d'infamie ; mais qu'à quelque prix
que ce fût, & quelque moyen qu'il me fallût
employer, j'empêcherois Rofe affurément de
s'écarter de fon devoir, & je l'empêcherois
bien lui-même de faire fervir fa foeur de victime à fon ambition.

Il m'écouta avec beaucoup d'impatience.
Enfuite, paroiffant fort affligé de la défiance
que je marquois de l'honnêteté de fes vues, il
me pria de lui rendre plus de juftice, & de ne
pas croire que l'honneur de fa foeur lui fût
moins cher qu'à moi. Il convint même que la
vifite de M. le Duc me déplaifoit avec raifon ;
& il me protefta que, loin d'y avoir contribué le moins du monde, il prendroit des mefures certaines pour empêcher qu'elle ne fût
renouvellée à l'avenir. Mais après cette efpece
de réparation, dont je commençois à être fa-

tisfait, je fus extrêmement surpris de l'entendre changer de ton & de langage. Mon frere, me dit-il, avec un air de prudence qu'il savoit affecter mieux que personne, me permettrez-vous à présent de vous expliquer naturellement ce que je pense? J'ai mille raisons qui m'obligent au respect & à l'amitié que je vous porte : aussi remplirai-je toute ma vie ces deux devoirs. Mais je ne sais si je puis vous promettre la même docilité sur d'autres points. J'ai réfléchi sur les reproches dont vous m'avez accablé ce matin ; & plus je m'examine, moins je m'en trouve digne. Nous ne considérons pas les choses du même côté. Vous êtes un homme d'église, un vénérable Théologien, & je confesse que si nous étions destinés au même état, ma sœur & moi, nous ne pourrions mieux faire que de nous conduire par vos maximes. Mais notre naissance & notre inclination nous destinant au monde, cette vocation demande une conduite toute différente. Croyez-moi capable, avec le peu de génie que vous me connoissez, de distinguer à présent ce qui convient à mon honneur & à ma fortune. Je suis dans un age, continua-t-il, où je n'ai plus un moment à perdre si je veux arriver à quelque chose dans le monde. Ma sœur doit penser aussi à se produire, ou renoncer à tous les avantages qu'elle peut tirer de sa jeunesse & de sa beauté. Vous vous défiez de sa sagesse : c'est avoir trop mauvaise opinion d'elle. Pour moi, à qui il appartient sans doute autant qu'à vous d'être sensible à l'honneur de notre maison, je me repose du sien sur sa propre vertu ; & s'il lui arrivoit d'être assez lâche pour nous déshonorer, je ne crains pas de le dire en sa présence, toute ma tendresse pour elle ne m'empêcheroit pas de lui percer le cœur. Fiez-vous donc, ajouta t-il, & fur elle & fur moi, & ne vous oppofez point au fuccès de nos affaires, en condamnant les feuls moyens qui peuvent les faire réuffir.

Ce difcours, que Georges avoit fans doute médité à loifir, & dont il parut s'applaudir après l'avoir fini, n'étoit propre qu'à exciter ma compaffion. Je me hâtai de lui en montrer la foibleffe, en lui faifant appercevoir qu'il avoit raifonné fur un faux principe ; que cette grande différence qu'il mettoit entre l'état eccléfiaftique & celui d'un homme du monde, n'y étoit pas effectivement, puifque ce n'étoit que deux manieres différentes de remplir les mêmes devoirs ; qu'un homme du monde & un homme d'églife étoient deux chrétiens, dont l'un n'étoit pas moins obligé que l'autre à la haine du vice & à la pratique de la vertu ; qu'à la vérité leurs occupations extérieures ne fe reffembloient pas ; mais que, fans être les mêmes, elles devoient partir du même principe, qui eft la néceffité de plaire à Dieu & de fauver fon ame : en un mot, qu'il n'y avoit point de condition où l'on ne fût obligé d'éviter les occafions du péché, & que par conféquent l'ufage de mes maximes étoit auffi néceffaire pour fa fœur & lui que pour moi-même. S'il eft impoffible, ajoutai-je, qu'ayant reçu une éducation chrétienne, vous ne fentiez pas là vérité de ce que je vous dis, jugez quel fervice vous rendrez à votre fœur, en la conduifant fans précaution au milieu du danger. Elle y périra, & fon malheur fera votre ouvrage. Vous lui percerez le cœur, dites-vous, fi elle oublie fon devoir. Etrange remede ! Ne voyez-vous pas qu'il

suppofe fa ruine déjà confommée, & qu'il eſt
queſtion d'en trouver un qui puiſſe la prévenir.
Ne précipitez rien ; c'eſt l'unique faveur que
je vous demande. Laiſſez à votre ſœur le temps
de reconnoître les précipices qui l'environ-
nent ; elle n'y tombera pas du moins ſans avoir
ſu qu'elle pouvoit les éviter. N'allez point
chercher les occaſions ; laiſſez-les naître. Il y
en a de néceſſaires pour une perſonne du monde, je le ſais bien ; mais la Religion en diminue
le péril lorſqu'on la reſpecte aſſez pour ne s'y
expoſer qu'à regret ; au lieu qu'il eſt toujours
extrême lorſqu'on y court volontairement.

Cette converſation, qui dura beaucoup plus
long-temps, & dans laquelle j'attaquai les mi-
férables principes de Georges avec les plus fortes armes du chriſtianiſme, ne fit aucune impreſſion ſur ſon eſprit. Il me fit connoître par
toutes ſes réponſes qu'il ſe croyoit ſupérieur
à mes petites craintes ; que ſa religion étoit
l'honneur ; ou que s'il y mettoit quelque différence, elle n'étoit point à l'avantage de la
Religion, puiſque c'étoit par ſes fauſſes idées
d'honneur qu'il en expliquoit les loix & les devoirs. Nous nous trouvâmes ſi peu d'accord
en nous ſéparant, qu'il traita mes raiſonne-
ments de ſcrupules monaſtiques, & que l'ayant
menacé de le quitter pour retourner à Killerine, il me répondit froidement qu'il n'avoit
pas deſſein de s'oppoſer à mon départ.

J'eſſuyai ſans me plaindre une marque ſi du-
re du refroidiſſement de ſon affection. Il par-
tit le même ſoir pour S. Germain-en-Laye, où
nous étions convenus quelques jours auparavant qu'il iroit rendre viſite à M. de Mahony,
à M. Dillon, & à quelques autres Gentilshommes, parents ou amis de notre maiſon. Je

sus après son départ qu'il avoit entretenu
long-temps sa sœur en particulier, & qu'il avoit
donné ordre aux deux domestiques qui nous
servoient de veiller le lendemain à la porte du
logis, pour recevoir M. le Duc de..... s'il
lui prenoit envie d'y revenir, & pour lui dire
honnêtement que Rose étoit allée avec lui à S.
Germain. Cette attention me fit plaisir, & me
rendit plus tranquille. Je ne manquai pas de
prendre occasion de son absence pour répéter
mes exhortations à ma sœur. Elle m'écouta
avec beaucoup de douceur & de soumission.
M'étant apperçu le lendemain qu'elle avoit
reçu la visite de quelques femmes, qui lui
avoient apporté diverses sortes d'habits & de
coëffures, je lui demandai à quel usage elle
destinoit tant de bagatelles. Il me parut que
cette question l'embarrassoit. Cependant comme elle avoit le cœur incapable de déguisement, elle me dit, après un léger préambule
où elle apportoit la volonté de Georges pour
excuse, qu'elle étoit engagée à se trouver
avec lui au bal qui se donnoit deux ou trois
jours après chez M. le Duc de.......; &
que pour y paroître avec quelque bienséance,
elle se faisoit habiller proprement. La perte
d'une partie de notre bien m'auroit moins affligé que cette nouvelle. Je lui remis devant
les yeux avec plus d'ardeur que jamais, tout
ce qu'elle avoit à craindre dans ces assemblées
dangereuses, à l'âge où elle étoit, avec si peu
de connoissance du monde & des pieges qu'on
alloit tendre à son innocence. Je la conjurai
d'être sensible aux intérêts de son ame ; de
prendre quelque temps du moins pour se préparer au passage d'une vie telle qu'elle l'avoit
menée jusqu'alors, à celle où l'on voulois

malheureusement l'engager ; de ne pas franchir
en un moment toutes les bornes , au risque
d'être abandonnée par le Ciel , dont elle négli-
geoit d'implorer le secours , & qui ne pouvoit
l'accorder naturellement à des démarches si
indiscretes & si téméraires ; enfin , si mes prieres & mes instances ne suffisoient pas , je lui
déclarai que j'y ajoutois mes ordres , & que
par le droit que me donnoient ma profession ,
mon âge , & ma qualité d'aîné , je lui com-
mandois absolument de renoncer à sa partie de
danse , & de ne pas sortir du logis sans ma
permission.

Quelque chagrin que je ressentisse de me voir
obligé d'employer un remede si dur , je le crus
indispensable , & je ne doutai pas du moins
qu'il ne produisit l'effet que je m'étois proposé. Cette pensée guérit mon inquiétude , elle
me porta même à laisser Rose plus tranquille ,
parce que ne doutant point que ce petit sacri-
fice ne coutât quelque chose à son cœur , je
m'imaginai qu'il y auroit de la dureté à la fati-
guer encore par ma morale. Georges arriva
de S. Germain deux jours après. Je le reçus
sans affectation ; & feignant de ne plus songer
au passé , je ne l'entretins que du sujet de son
voyage , & je laissai à Rose le soin de lui apprendre les changements qui s'étoient faits dans
son absence. Ils ne tarderent point à se voir en
particulier : ils en avoient pris l'habitude depuis
quelque-temps , car Patrice n'entroit pour rien
dans leurs projets. Après un entretien de quelques moments , Georges sortit de la chambre
de sa sœur , & peu après du logis. Il revint au
bout d'une heure dans un carrosse de louage.
Etant descendu , il ne s'arrêta dans la maison
qu'aussi long-temps qu'il falloit pour prendre

ses habits, ceux de sa sœur, avec la moitié de la somme qu'ils avoient apportée d'Irlande ; & se faisant accompagner de Rose qu'il conduisoit par la main, il remonta dans le carrosse avec elle, & ils s'éloignerent aussi-tôt du quartier.

Il laissa pour moi à la porte un billet, qu'on m'apporta tout ouvert. Il ne contenoit que trois lignes. » Indigné, disoit-il, de la tyran- » nie avec laquelle je le traitois lui & sa sœur, » il prenoit le parti de s'établir d'un autre côté » avec elle ; & pour observer toute justice, il » avoit fait un partage égal de notre bien, dont » il laissoit la moitié pour Patrice & pour moi. «

J'étois à lire dans ma chambre, & j'attendois l'heure du souper avec impatience, pour savoir de quelle maniere il auroit pris la défense que j'avois faite à Rose. Comme rien n'étoit si éloigné de mes idées qu'une trahison de cette nature, ma défiance ne s'étoit pas même tournée de ce côté-là ; de sorte que ma surprise, ma douleur & ma confusion furent extrêmes à la lecture de ce fatal billet. Je levai les yeux & les mains au Ciel. O Dieux ! m'écriai-je, est-ce là le prix de la tendresse que j'ai toujours marquée pour eux ? Les ingrats ! Ils réservoient donc cette récompense à mes soins & à mon affection ! Je me trouvai si ému que je sentis des pleurs couler de mes yeux, & que je fus incapable pendant quelques moments de former aucune résolution.

Lorsque je fus un peu remis de ce premier trouble, je crus qu'il n'y avoit point deux partis à prendre pour moi, & que je ne devois plus penser qu'à retourner promptement à Killerine. Quel motif pouvoit m'arrêter à Paris ? Ils veulent se perdre, disois-je, ils ont se-

coué le joug , & s'ils ʋont eu que du mépris
pour les faintes maximes que j'ai tâché de leur
infpirer , quelle voie ʋe refte-t-il à prendre
pour les rappeller à leʋ devoir ? Non ; je re-
tournerai en Irlande. J'irai me dévouer au falut de mon troupeau. Le champ n'eft pas trop
vafte pour mon zele, ʋ mes peines n'y feront
pas payées d'ingratituʋe & de perfidie. Je me
confirmai d'autant plus dans cette réfolution ,
que connoiffant l'humeʋ douce de Patrice , je
ne doutai point qu'il ne confentît volontiers à
reprendre avec moi le chemin de notre patrie.
Ainfi j'efpérois du meins de fauver une branche de ma malheureufe famille , & de ne pas
reparoître au tombeau de mes peres fans avoir
à leur offrir quelque refte encore pur de leur
fang.

Auffi long-temps que je continuai d'être agité par ces premiers mouvements , je ne fis que
m'applaudir du deffein que j'avois pris de quitter la France, & je le communiquai même à
Patrice , qui ne marqua point d'éloignement
pour la propofition que je lui fis de m'accompagner. Mais lorfque mon fang fut tout-à-fait
refroidi , je commençai à envifager les chofes
d'un œil tout différent. Je rappellai toutes les
raifons qui m'avoient paru affez puiffantes
pour me déterminer à partir de Killerine, &
à fuivre en France mes freres & ma fœur.
Etoient-elles changées par leur mauvaife conduite ? ou plutôt n'en étoit-ce pas une nouvelle qui rendoit les premieres beaucoup plus
fortes? Si j'avois cru les obligations de la nature plus facrées que celles de mon emploi ; fi.
je m'étois arraché pour quelque temps au foin
de mon troupeau, dans la feule vue de diriger
mes freres vers quelque fin honnête & utile ,

& de leur faire éviter ce chemin trop aifé du vice ; enfin fi je les avois regardés comme mon
prochain le plus cher, même en les confidé-
rant avec les yeux de la foi, & fuivant les regles de l'Evangile, devois-je renoncer à ces
fentiments, lorfqu'étant fi proches de leur perte, le danger où je les voyois étoit plus capable
que jamais d'échauffer mon zele ? Ils étoient
dans le précipice, & ma charité alloit s'étein-
dre ! Quelles avoient donc été mes vues lorfque j'avois fait tant d'efforts pour les empêcher
d'y tomber ?

Je me trouvai tout différent après ces réflexions. Toute ma tendreffe pour mon frere &
pour ma fœur venant à fe réveiller, je fentis
renaître en même-temps une inquiétude fi vive
pour l'intérêt de leur ame, que je ne pus goûter pendant toute la nuit un moment de fommeil. Mon fang étoit brûlant dans mes veines.
Rien ne m'étoit fi à charge que le repos. J'é-
prouvai que le zele eft en effet un feu dévo-
rant, fur-tout lorfqu'il eft joint à la tendreffe
naturelle qu'on a pour fes proches, & que le
cœur reffent ainfi tout à la fois l'impreffion de
ces deux caufes. Loin donc de penfer davantage à les abandonner, je réfolus de recom-
mencer avec une nouvelle ardeur à leur infpirer le goût de la vertu ; de les chercher, en
quelque lieu qu'ils fe fuffent retirés ; d'effuyer
leurs froideurs, leurs refus, leurs mépris même
& leurs injures, plutôt que de renoncer à
l'efpoir de leur faire goûter mes confeils ; enfin, de me propofer leur falut comme l'objet
continuel de ma vigilance & de mes foins ; &
fi je n'étois pas affez heureux pour les éloigner
du vice, d'empêcher du moins qu'ils ne s'y li-
vraffent fans remord.

Je ne m'occupai plus que du moyen d'exécuter cette résolution. Mais en méditant sur
les difficultés de mon entreprise , je conçus
qu'après la démarche que Georges avoit faite ,
& sur-tout avec la confiance qu'il avoit dans
ses propres lumieres , il ne falloit pas espérer
de le gagner tout-d'un-coup par la force de mes
raisons. Il étoit d'ailleurs dans un âge où je
ne pouvois plus prétendre qu'il fût obligé de
se conduire par les conseils d'autrui , ni lui faire regarder la déférence que je lui demandois
pour les miens comme un devoir. Cependant
le danger de sa sœur étoit pressant ; car je me
figurois déjà qu'ayant la liberté de suivre ses
inclinations , elle avoit besoin à tous moments
d'un secours extraordinaire du Ciel pour n'en
pas faire un mauvais usage. Cette pensée me fit
naitre un dessein fort hardi. Ce fut de l'enlever
à Georges, & de la faire rentrer sous le joug
malgré elle-même , en me proposant néanmoins de la traiter avec tant de douceur & de
complaisance, qu'elle n'eût point à se plaindre
de ma conduite. Comme il m'étoit impossible
d'exécuter ce dessein sans secours, je m'ouvris
à Patrice & à M. des Pesses , qui étoit
mortellement affligé de sa fuite , & qui se con-
sumoit de chagrin & d'amour. Je n'eus point
de peine à les faire entrer tous deux dans mes
vues. Ils se chargerent d'abord de découvrir
le quartier que Georges avoit choisi pour demeure , & nous remîmes à prendre les mesures
nécessaires lorsqu'ils auroient acquis cette connoissance.

Ce n'étoit pas une entreprise facile dans une
ville comme Paris. Ils s'y employerent pendant quelques jours avec beaucoup de zele ,
mais inutilement. Enfin le hazard fit tomber

Patrice sur les traces de son frere. Il l'aborda
civilement. L'autre affecta de marquer quelque surprise de le voir encore à Paris. Comment, lui dit-il après l'empressement que
j'ai vu au Doyen pour retourner à Killerine,
& avec l'attachement que je vous connois pour
lui, je vous croyois partis l'un & l'autre. Patrice répondit naturellement que nous aurions
été fâchés de quitter Paris sans savoir du
moins ce que Rose & lui étoient devenus.
Quoi ! vous l'ignorez, reprit-il du même ton ?
Apprenez donc que je suis devenu Capitaine
d'Infanterie, & que j'en ai l'obligation à M.
le Duc de.... qui s'est employé en ma faveur auprès du Ministre. Pour Rose, ajouta-t-il, il n'y a point encore de changement
dans sa condition ; mais j'espere que les occasions ne tarderont point à se présenter, & que
nous choisirons les meilleures. Ensuite tâchant
de prendre Patrice par ses propres intérêts, il
lui représenta qu'il avoit tort de ne pas suivre
son exemple, & de se flatter que la fortune l'i-
roit chercher sous ma robe, pour lui offrir
d'elle-même ses faveurs ; qu'à la vérité j'étois
louable dans mes intentions, & qu'il n'avoit
jamais douté de mon zele & de mon amitié :
mais qu'ayant eu toute ma vie les yeux sur mes
livres, j'étois moins propre que je ne le croyois
à régler leur conduite & leur établissement
dans le monde : que sa vue néanmoins en nous
quittant n'avoit pas été de rompre tout-à-fait
avec nous, ni de nous abandonner avec le peu
de bien qu'il nous avoit laissé ; que sa fortune
prenant un train fort heureux, & ne pouvant
manquer de prospérer de jour en jour, il se proposoit, aussi-tôt que ses affaires le permet-
troient, de nous offrir sa maison & de parta-

ger avec nous les fruits de fon induftrie ; qu'en
attendant , fi Patrice fe vouloit un peu de bien
à foi-même , il viendroit prendre quelquefois
fes confeils , dont il pourroit tirer plus d'utilité que des miens.

Si j'euffe été témoin de cette converfation
féduifante , j'aurois fort appréhendé qu'elle
n'eût fait trop d'impreffion fur l'efprit de Patrice. Mais , grace à l'excellence de fon caractere , elle ne changea rien à fes fentiments. Il fe
contenta de marquer beaucoup de reconnoiffance pour les offres de fon frere ; & dans la
crainte de lui faire naître quelque défiance s'il
s'informoit trop curieufement de fa demeure ,
il le quitta dans le lieu même où il l'avoit rencontré. Cependant il eut foin de le fuivre à vue
d'œil , réfolu de ne pas l'abandonner jufqu'à
fa maifon , & il ne revint à la nôtre qu'après
s'être affuré de ce qu'il cherchoit. Le récit de
ce qu'il avoit appris de Georges n'étoit propre
à rien moins qu'à m'infpirer de la joie, Si j'é-
tois fatisfait d'entendre que la fortune eût déjà
fait quelque chofe en fa faveur , la main dont
elle s'étoit fervie m'étoit fufpecte , & j'avois
peine à concevoir d'où venoit cette ardeur de
M. le Duc de... à prendre les intérêts
d'un étranger. Ce n'eft pas que je n'euffe la
plus haute idée du monde de la politeffe & de
la générofité des Seigneurs Français ; mais
j'aurois fouhaité de ne pouvoir attribuer des
bienfaits fi inefpérés qu'à cette caufe. Je me
raffurai néanmoins , en apprenant que la demeure de Rofe étoit connue de Patrice , & je
commençai à chercher férieufement par quels
moyens nous pourrions tromper la vigilance
de Georges. M. des Peffes nous quitta auffi-
tôt qu'il eut entendu le récit de Patrice , fous

prétexte d'aller reconnoître la situation du logis de ma sœur, & de voir s'il ne se présenteroit rien qui pût servir à nos desseins ; mais dans le fond pour satisfaire l'impatience qu'il avoit d'approcher d'elle & de la revoir. Il revint vers le soir, dans le temps que je méditois avec le plus d'ardeur sur le parti que j'avois à prendre.

Il avoit vu Rose. La joie qu'il avoit eue de la voir brilloit encore dans ses yeux. Il nous dit qu'après avoir passé quelque temps dans le voisinage de sa maison, il l'avoit vue sortir avec son frere, & qu'il avoit été ébloui de sa parure & de sa beauté. Il vouloit nous en faire la description, que je le priai d'abréger. Les ayant vus monter en carrosse, il les avoit suivis, pour s'instruire de leur dessein. Ils étoient descendus à l'hôtel de Carnavalet, qui étoit dans le même quartier ; & s'étant informé de ce qui avoit pu les y conduire, il avoit appris qu'un grand nombre de personnes de distinction devoient y souper, & qu'il y auroit ensuite un grand bal, où les masques seroient admis en se faisant connoître à la porte. J'admirai l'aveuglement de Georges, qui sembloit prendre plaisir à faire avaler le poison à sa sœur, & qui choisissoit comme à dessein les occasions les plus dangereuses pour son innocence. Qu'auroit-il pu s'imaginer de plus funeste, si c'eût été la haine qui lui eût fait chercher les moyens de la perdre ? Mais pendant que je gémissois sur sa conduite, le Ciel m'inspira l'envie de le punir en lui enlevant Rose au milieu même de ses plaisirs. Le projet, les moyens, tout se présenta dans le même moment à mon esprit. Je connoissois peu les usages du bal ; mais je m'imaginai qu'une assemblée si nom-

breufe ne pouvoit être fans quelque confufion, fur-tout lorfqu'on commenceroit à recevoir les mafques. Je perfuadai à Patrice &
à M. des Peffes de fe mafquer, & d'aller au
bal. Faites-ici un billet, dis-je à Patrice, que
vous ferez donner à votre fœur, lorfque vous
ferez à la porte de l'hôtel, pour la prier de
vous faire introduire. Si elle vient vous recevoir elle-même, cela fuffit pour mes vues.
Mais comme il eft à craindre qu'elle ne vous
faffe recevoir par un autre, vous ferez demeurer M. des Peffes à la porte, & lorfque vous
ferez introduit, vous la prierez en fecret de
quitter un moment la falle pour rendre le même fervice à M. des Peffes, à qui vous lui ferez croire qu'on refufe abfolument l'entrée.
Je ferai moi-même à la porte dans un carroffe,
& je prends fur moi le foin de tout le refte. Si
elle vous confeille de vous adreffer à votre frere, dites-lui que vous voulez lui laiffer ignorer
que vous êtes fi proche de lui, & que vous attendez ce fervice d'elle-même.

Pour l'intelligence de cette entreprife ba-
dine, fur laquelle je pafferois plus légerement
fi fa fin ne me l'eût fait croire importante, je
dois faire remarquer au lecteur que les Eccléfiaftiques romains n'ayant point la liberté en
Irlande, non plus qu'en Angleterre, de porter
l'habit propre de leur état, j'étois encore vêtu
comme ils le font ordinairement, c'eft-à-dire
en habit court, fans aucune différence d'avec
les laïques. J'attendois pour en prendre un
plus canonique, que nos affaires fuffent dans
une certaine fituation qui ne me permît plus
de douter de notre établiffement en France. Je
pouvois donc, fans bleffer la bienféance, paroître, au milieu de la nuit, à l'hôtel de Carna-

valet. Pour ce qui regarde l'efpérance que
j'avois d'enlever Rofe avec fi peu de mefures
& de précautions, elle n'étoit fondée que fur
la connoiffance de fon caractere, & fur l'habitude où elle étoit de me refpecter. J'étois fûr
qu'elle ne fe feroit point traîner avec violence,
lorfqu'elle entendroit ma voix, & qu'elle recevroit de moi-même l'ordre abfolu de me fuivre. Ainfi j'étois fans inquiétude pour le fuccès de mon deffein.

En effet, il réuffit auffi heureufement que je
l'avois efpéré. La multitude & la confufion
n'étoit pas fi grande au bal que je m'y étois
attendu; mais je reconnus que c'étoit un avantage pour notre entreprife, parce que la crainte
eût peut-être empéché Rofe de quitter la falle.
Une piftole que je donnai au portier me fit
obtenir la liberté d'entrer dans la cour. Rofe
parut avec Patrice à la porte de l'appartement;
& dans le temps qu'elle chargeoit quelques do-
meftiques de faire ouvrir à M. des Peffes, je
me préfentai à elle de l'air le moins propre à
l'effrayer. Je pris fes mains avec beaucoup de
douceur. Ma chere fœur, lui dis-je, en les
ferrant tendrement, ne vous alarmez pas de
me voir, je ne vous importunerai qu'un moment. Je ne fuis pas ici pour vous caufer du
chagrin, ni pour vous faire violence. Vous
êtes libre, vous êtes maîtreffe de vous-même.
Mais fi la crainte de Dieu vous touche encore;
fi le fouvenir de votre pere, l'honneur de votre
famille, & vos propres fentiments, ont encore
quelque pouvoir fur vous, accordez-moi la
fatisfaction de vous voir rentrer aujourd'hui
dans votre devoir. Voilà votre frere Patrice
qui vous en conjure avec moi. Venez : votre
fuite nous a caufé une mortelle douleur; il n'y

a que votre retour qui puiſſe nous conſoler. Je me tus, après avoir prononcé ces paroles avec beaucoup d'ardeur. Elle demeura quelques moments à répondre. Enfin ouvrant la bouche avec un profond ſoupir : ô Ciel ! me dit-elle, à quoi voulez-vous m'obliger ? A rien, me hatai-je de répondre ; c'eſt de vous-même que votre honneur, votre vertu, votre repos dépendent ici. Venez, repris-je, venez, ma chere Roſe ; je vais vous en conjurer à genoux, ſi mes prieres & mes larmes ne ſuffiſent pas pour toucher votre cœur. Elle me fit quelques objections ſur l'inquiétude où nous allions jetter ſon frere. Je l'aſſurai que j'aurois ſoin de pourvoir à tout ; & moitié déterminée, moitié irréſolue, je la conduiſis vers la porte, où, ſans perdre un moment, nous montâmes tous quatre dans le carroſſe qui nous attendoit, & je fis toucher vers la porte Saint Antoine pour nous rendre *aux Saiſons*. C'eſt le nom de la maiſon de campagne qui avoit appartenu à M. de Lézeau.

Je m'applaudis extrêmement du bonheur que j'avois eu de réuſſir, & je regardai Roſe pendant le chemin comme une victime toute parée que j'avois dérobée heureuſement au ſacrifice de ſa vertu, & que je ramenois en triomphe. Pour elle, ſon air rêveur, & quelques ſoupirs qui ſortoient de ſon cœur malgré elle, me faiſoient connoître aſſez clairement qu'elle ne me ſuivoit pas ſans regret. M. des Peſſes ayant entrepris de la rendre un peu plus gaie en lui adreſſant quelques diſcours galants & flatteurs, elle lui fit porter la peine de ſa mauvaiſe humeur par ſes réponſes dures & ſes manieres chagrines. Je feignis de ne pas m'en appercevoir , aſſez content de la ſoumiſſion

qu'elle m'avoit marquée, & sûr qu'un peu de
tranquillité lui rendroit sa douceur ordinaire.
Dès le lendemain j'écrivis quelques lignes à
Georges pour l'empêcher de s'alarmer. Le
tour de ma lettre n'étoit pas insultant ; mais
en lui apprenant que sa sœur étoit rentrée volontairement dans son devoir , je l'exhortois
à profiter de son âge & de ses lumieres pour
ne pas s'écarter davantage du sien. » Mon des-
» sein , lui disois-je, n'a jamais été de vous gê-
» ner , ni de vous forcer par la violence à sui-
» vre mes conseils. C'est un ami qui veut se
» rendre utile à votre bonheur, c'est un frere
» qui fait ses propres intérêts des vôtres,
» c'est un pere & un Pasteur spirituel, qui n'a
» rien de plus cher & de plus précieux que
» vous ; car tous ces titres me conviennent à
» votre égard. Pourquoi donc vous révolter
» contre ma tendresse & me fuir comme votre
» ennemi ? Pourquoi du moins m'avoir enlevé
» votre sœur , sur laquelle vous n'aurez jamais
» aucuns droits tant que je serai capable de faire
» valoir ceux que j'ai reçus de la nature par
» l'ordre de ma naissance, & ceux dont notre
» pere commun s'est remis sur moi en expi-
» rant ? Je crains de vous rappeller des circons-
» tances qui vous causeroient trop de honte.
» Souvenez-vous seulement qu'il n'y a guere
» plus d'une année que la mort nous a ravi ce
» bon pere, & demandez-vous à vous-même
» comment vous avez pu perdre si-tôt le res-
» pect que vous deviez éternellement à sa mé-
» moire. « J'ajoutois que si ma lettre & ses
propres réflexions lui faisoient renaître l'envie
de bien vivre avec moi, il pouvoit être assuré
de me trouver peu sensible au passé, & d'être
reçu aux Saisons avec toute l'amitié que je lui

devois, & que rien n'étoit capable de me faire
perdre. Je le félicitois aussi sur la faveur qu'il
avoit reçue ñouvellement de la Cour , & je
l'exhortois à s'en attirer d'autres par les moyens
qui peuvent rendre un honnéte homme content
de sa fortune.

Il me fit réponse sur le champ. Son ressentiment , quoique déguisé , se faisoit sentir à
chaque mot. Il plaignoit Rose , me disoit-il ,
d'être condamnée au genre de vie que j'allois
lui faire mener. J'en voulois faire apparemment l'épouse d'un Marchand de vin ou de
quelque paysan. Cela étoit bien éloigné des
intentions de son pere, que je faisois valoir avec tant de soin , & du but que nous
avions dû nous proposer en venant en France.
Mais il cessoit d'y prendre intérêt, puisque je
l'assurois si fort qu'il n'avoit aucun droit sur
elle ; & pour le sort que je lui destinois , il
confessoit qu'elle étoit beaucoup mieux dans
mes mains qu'entre les siennes. Quant à la
proposition de bien vivre avec moi ; si j'entendois par-là de vivre sans haine & sans ressentiment , il me protestoit qu'il y étoit sincérement disposé : mais si je parlois de recom-
mencer à vivre sous le même toit, il ne voyoit
point que cela fût nécessaire, ni même d'aucun avantage pour lui & pour moi-même. Il
me souhaitoit d'ailleurs toutes sortes de pros-
pérités, & il demeuroit avec ses sentiments ordinaires , &c.

Comme je n'avois point espéré qu'il pût
être insensible à l'espece d'affront que je lui
avois fait , je résolus de laisser à sa bile le temps
de se calmer , & de me reposer de notre réconciliation sur son bon naturel. Deux jours
après il m'envoya, par les mains d'un Notaire ,

la moitié de la fomme qu'il avoit emportée en nous quittant, avec un billet par lequel il me prioit de la recevoir au nom de Rofe à qui elle appartenoit, & de reconnoître par un écrit que je l'avois reçue. Je confentis à ce qu'il défiroit, & je chargeai le Notaire de lui dire, de la part de fa fœur, de celle de Patrice & de la mienne, que pour acheter le plaifir de le revoir & de vivre en bonne intelligence avec lui, nous facrifierions volontiers, non-feulement cette fomme, mais tout le bien qui étoit entre nos mains.

LIVRE SECOND.

LEs soins que j'apportai à l'embelliffement de notre demeure, & la part que j'y fis prendre à Rofe, en la confultant fur tout ce qui pouvoit lui plaire, diffiperent bientôt le chagrin qu'elle avoit eu de quitter Paris. Elle fe fit du moins affez de violence pour le déguifer ; car une guérifon fi prompte & fi facile devoit m'être fufpecte : mais j'affectai de la croire fincere, affez content qu'elle fût capable de prendre un peu d'empire fur elle-même. Son indifférence pour monfieur des Peffes ne faifant qu'augmenter de jour en jour, je confeillai à ce jeune homme de modérer fon ardeur, & d'attendre du temps un retour dont il ne falloit pas encore défefpérer. Il eft vrai qu'avec l'envie d'épargner les moindres peines à ma fœur, pour ne pas lui donner lieu de fe repentir de la déférence qu'elle avoit eue pour moi, il entroit de nouvelles vues dans le confeil que je donnois à monfieur des Peffes. La raifon qui m'avoit fait approuver fon amour, ayant été l'intérêt même de Rofe, dont je croyois ne pouvoir affurer trop tôt l'établiffement, je me trouvois un peu refroidi par fa répugnance. Je ne pouvois défavouer que l'inégalité de la naiffance fût une jufte objection. Il m'avoit paru qu'elle étoit balancée par les circonftances de notre fortune ; mais c'étoit en fuppofant que l'inclination contribuât à la diminuer ; car on ne fe marie pas précifément pour

être riche , & je fouhaitois avant toutes chofes,
que ma fœur fût heureufe.

Ces réflexions avoient d'abord renouvellé
mon reffentiment contre Georges, que j'accufois de lui avoir fait perdre le goût qu'elle avoit
eu pour monfieur des Peffes. Elle étoit accou-
tumée à le voir. Son penchant pour lui auroit
pris des forces , & elle fe feroit portée d'elle-
même à recevoir fes offres. Cependant je confidérois auffi qu'il n'avoit jamais fait de grands
progrès dans fon cœur, puifqu'une diftraction
de quelques jours avoit pu les ruiner. Un jeune homme fe flatte fur les moindres apparences. Il explique tout en fa faveur. Une fille de
l'âge de Rofe, qui eft encore fans précaution ,
parce qu'elle eft fans expérience , donne quelquefois fur elle des avantages qu'elle ignore.
L'ingénuité ne penfe à rien , & l'amour-propre dans les hommes fe figure tout ce qu'il défi-
fire. Enfin , quoique monfieur des Peffes m'en-
tretînt tous les jours de fon amour & de fes
peines , je réfolus de borner mes bons offices
à le confoler.

Sa paffion devint fi violente , qu'étant tom-
bé dans une maladie dangereufe , je crus qu'il
ne falloit pas l'attribuer à une autre caufe.
Nous n'épargnâmes ni foins ni dépenfe pour
rétablir fa fanté , & Rofe même parut s'y in-
téreffer avec un zele qui me furprit. J'en con-
clus qu'il s'étoit fait quelque changement dans
fon cœur ; & je ne pus lui cacher ma fatisfaction. Elle me répondit ingénument que fon
feul motif étoit la reconnoiffance. Je l'eftime ,
me dit-elle, je fuis perfuadée qu'il m'aime ,
& je crois lui devoir ce que je fais pour lui.
Cette réponfe me parut fi vraifemblable , que
je pris de fes fentiments une idée toute diffé-

rente. Mais elle les confirma quelques jours
après d'une maniere qui guérit tous mes foupçons. Monfieur des Pefles m'avoit prié, dès les
premiers jours de fa maladie, de marquer fa
fituation à fes parents, & je m'étois hâté de le
fatisfaire. Quoique j'euffe affez mefuré les termes de ma lettre pour ne leur pas caufer
de fauffe alarme, une jufte inquiétude pour
la fanté d'un fils unique fit partir auffi-tôt fon
pere, & l'amena aux Saifons. C'étoit un vieil-
lard refpectable, dont la figure annonçoit d'a-
bord toutes les bonnes qualités qu'il avoit
communiquées à fon fils. Je les laiffai feuls.
Leur entretien dura plus d'une heure. Enfin
m'ayant fait prier de reparoitre, le pere me
preffa dans les termes les plus tendres de fauver la vie à fon fils, en lui accordant ce qu'il
aimoit plus que lui-même. Il venoit d'apprendre, me dit-il, avec quel refpect il devoit
demander cette faveur pour un jeune homme
qui nous étoit fort inférieur en naiffance, &
qui n'avoit point d'autre fondement pour l'efpérer que fa tendreffe infinie pour Rofe, &
l'amitié dont nous l'avions honoré : mais fi le
bien pouvoit fuppléer à quelque chofe, il
s'engageoit à lui donner la valeur de deux cens
mille livres en terres & en argent comptant, &
à lui acheter une charge de vingt mille écus.
Je l'interrompis, pour l'affurer que les difpofitions que j'avois marquées à fon fils étant
toujours les mêmes, il pouvoit faire fond fur
mon confentement ; que je me chargeois même de faire ces nouvelles propofitions à ma
fœur. Je la fis appeller, ne doutant prefque
pas que l'offre d'une fortune préfente ne la
déterminât fur le champ. Elle écouta tranquillement mon difcours ; mais loin de flatter

le pere & le fils de la moindre efpérance, elle protefta civilement qu'elle n'auroit jamais pour eux d'autres fentiments que ceux de la reconnoiffance & de l'amitié. Quelque dureté que monfieur des Peffes dût trouver dans cette déclaration, il fut fi fenfible aux attentions qu'elle continua de lui marquer pendant fa maladie, qu'il fe rétablit contre toute efpérance.

J'avoue qu'après cette preuve de l'indifférence de Rofe, tout devint obfcur pour moi dans fa conduite. Je ne pouvois concevoir par quels motifs une perfonne de fon âge & de fon tempérament s'obftinoit à refufer un jeune homme aimable, dont elle étoit fûre d'être aimée, & qu'elle faifoit même profeffion de ne pas haïr; car depuis le nouveau témoignage qu'elle avoit eu de fa paffion par la violence de fa maladie, je lui trouvois plus de complaifance & d'égards pour lui, & j'aurois pris leur bonne intelligence pour le témoignage d'un amour mutuel, fi le chagrin de monfieur des Peffes ne m'eût forcé d'en juger autrement. J'en marquai de l'étonnement à Patrice, qui ne m'avoit jamais paru contraire aux deffeins de monfieur des Peffes, & qui fembloit être plus affectionné que jamais pour fa fœur depuis notre féjour aux Saifons. Il me fit une réponfe fi vague, & d'un air fi contraint, que j'aurois pu concevoir quelque défiance, fi j'euffe cru moins connoître fon caractere; mais je le croyois uniquement occupé de fa mélancolie, de fes livres, & des changements continuels qu'il faifoit au jardin & à la maifon. Je comptois trop fur lui, & je ne me ferois pas imaginé qu'un efprit & un cœur excellent fuffent capables de tromper.

Dans toute ma vie rien n'a tant contribué à mes erreurs & à mes peines, que ce penchant trop crédule à préfumer favorablement de la vertu d'autrui, fur-tout lorfqu'avec un peu d'étude pour déméler le fond d'un caractere, je croyois y découvrir des principes naturels de droiture & d'inclination pour le bien. Je n'ai pas connu les grandes paffions par expérience ; & fans cette clef l'on n'entre jamais parfaitement dans la fcience du cœur humain, qui ne confifte que dans la connoiffance de leurs effets. Comment concevoir avec un cœur tranquille qu'il y ait des mouvemens capables de faire oublier des devoirs qu'on aime, & qu'on ne viole pas même fans remords ? Ainfi je me fuis toujours repofé fur le caractere d'autrui prefqu'autant que fur le mien ; & lorfqu'il m'eft arrivé d'en être la dupe, j'aimois mieux prendre l'erreur fur mon compte, en croyant que je m'étois trompé dans le jugement que j'en avois fait, que d'accufer la vertu d'inconftance ou de foibleffe. Fauffe idée, qui fuppofe dans les hommes trop de bonté ou de malice, avec une conftance dans l'une ou dans l'autre, dont la nature eft rarement capable ! L'exemple de Patrice a fait plus pour mon inftruction, que mes raifonnemens & toutes mes lumieres.

Il étoit tel que je l'ai dépeint ; mais entre mille qualités excellentes, il en avoit deux que le moindre excès pouvoit changer en défauts. L'une étoit cette complaifance qui le rendoit d'un commerce aimable, mais qui l'expofoit fans ceffe à la féduction des confeils & des exemples. L'autre, fon inquiétude continuelle, & ce befoin d'être fixé qui

lui faifoit faifir fans difcernement tout ce qui
fembloit promettre à fon cœur le repos qu'il
cherchoit. Ces deux ennemis de fon bonheur
& de fa vertu l'avoient déjà engagé dans plus
d'une fauffe démarche. Cependant les apparences m'impofoient encore. A la furprife
que je lui marquai, il fe contenta de répondre que, n'étant point le garant des inclinations de fa fœur, il étoit d'avis feulement
qu'il ne falloit pas la contraindre ni l'impor-
tuner ; mais qu'après la maniere dont elle s'é-
toit expliquée, il y avoit peu d'apparence
qu'elle pût avoir changé de fentiments. Il
ajouta que tous nos projets de mariage venant ainfi à manquer, il ne favoit pas même fi la bienféance nous permettoit trop de
retenir plus long temps M. des Peffes auprès
d'elle. Ce confeil fut infinué fi adroitement
qu'il fit impreffion fur moi. Je convins que
la réputation de Rofe demandoit des ména-
gemens. Il y avoit près de fix femaines que
M. des Peffes étoit aux Saifons. Je réfolus
de l'avertir, avec toute la franchife de l'a-
mitié, qu'un fi long féjour, qui ne paroiffoit pas devoir fe terminer par le mariage,
pouvoit être mal interprété. J'étois fûr que
fa politeffe & le refpect qu'il avoit pour
moi lui feroient étouffer les murmures de
fon cœur. En effet, après quelques plaintes
de fon infortune, il confeffa que mes fcrupules étoient juftes, & il prit le parti de fe
retirer à Paris. Je ne lui refufai point la permiffion qu'il me demanda de nous venir voir
fouvent.

Patrice avoit fait pendant ce temps-là divers
voyages, tantôt à ma priere, tantôt pour fes
propres vues. Je l'avois preffé d'aller fouvent

à Saint Germain , où je me reprochois de n'avoir pas encor. paru moi-même. Mon deſſein avoit toujours été de nous faire préſenter au Roi Jacques par quelqu'un de nos parents , & j'avois jetté les yeux ſur M. de Sercine , que ce Prince honoroit de ſa confiance ; mais je ſouhaitois ardemment que Georges voulût nous accompagner : j'attendois avec impatience qu'il ſe portât de lui-même à notre réconciliation. J'avois donc chargé Patrice , non-ſeulement de diſpoſer M. de Sercine à nous rendre le ſervice que j'attendois de lui , mais de ſe ménager auſſi quelqu'entrevue avec ſon frere , pour lui repréſenter de quelle importance il étoit pour nous de mieux vivre enſemble , & de demander de concert la protection du Roi pour notre famille. Comme je ne lui voyois point autant de zele que je le déſirois pour ces deux commiſſions , du moins à en juger par la froideur avec laquelle il me rendoit compte de ſes ſoins , j'attribuai cette nonchalance à ſon humeur naturelle , & je pris le parti d'aller moi-même à Saint Germain , où je vis M. de Sercine & M. Dillon pour la premiere fois. Ils ne me reçurent point en inconnu. Georges avoit eu ſoin de leur faire le portrait de ma miſérable figure. Ils me ſaluerent même par mon nom , quoique je ne me fuſſe fait annoncer chez l'un & chez l'autre que ſous le titre d'Eccléſiaſtique Irlandois. Mais ſi je ne trouvois qu'un ſujet de rire dans cette premiere circonſtance de mes deux viſites , je fus vivement affligé de me voir traité avec une froideur à laquelle je ne m'attendois pas. A peine me fit-on quelques offres de ſervice. On ne m'entretint que du mérite de mes

deux freres, & des témoignages de bonté
qu'ils avoient reçus du Roi. On me parla auſſi
de la beauté de ma ſœur, & de l'impatience avec
laquelle elle étoit attendue à la Cour de S.
Germain.

La crainte de me donner un nouveau ridicule en demandant l'explication d'un diſcours
auquel je ne comprenois rien, me fit abréger
les compliments. Je me retirai avec beaucoup
d'inquiétude, & loin de paſſer huit jours à
Saint Germain, comme je me l'étois propoſé, je ne penſai qu'à reprendre le chemin des
Saiſons. Il m'importoit d'éclaircir promptement ce que j'avois entendu. Je concevois
en général que j'étois trahi par Patrice, &
joué par la fauſſe prudence de Georges ; mais
que devois-je penſer de Roſe ? L'intérêt de
cette chere ſœur me cauſoit une mortelle alarme. J'arrivai aux Saiſons tout occupé de mes
craintes. Comme j'en étois parti la veille,
on étoit fort éloigné d'attendre ſi-tôt mon
retour.

En entrant dans la cour j'apperçus quelques laquais d'une livrée inconnue, deux car-
roſſes & des chevaux qu'on achevoit de déte-
ler. J'avance vers la maiſon. On me recon-
noît, & j'entends auſſi-tôt le bruit des fenêtres & de la porte des ſales qu'on fermoit
avec la derniere précipitation. J'en croyois à
peine mes oreilles & mes yeux. Que préten-
dent-ils, diſois je ? voudroient-ils m'exclure
tout-à-fait du logis ? J'entre. Perſonne ne ſe
préſente pour me recevoir. Je monte droit à
mon appartement, ſans avoir la force de chercher des éclairciſſements que je croyois déjà
funeſtes, ni celle même d'appeller un domeſtique de la maiſon ; car j'étois arrivé ſeul &

D ſ

à pied , après avoir quitté à Paris la voiture de S. Germain.

On demeura quelques moments dans un profond silence , pendant lequel on méditoit apparemment sur la maniere dont on devoit se conduire avec moi. J'entendis enfin la voix de Patrice , qui demandoit à quelque domestique où j'étois ? Il monta ensuite à ma chambre. J'étois assis , la tête appuyée sur une main. Je ne quittai point cette posture ; & sans ouvrir même les yeux , j'attendois avec beaucoup d'amertume qu'il m'expliquât ce que j'avois à espérer ou à craindre ; car mes premiers soupçons étoient tombés sur Georges , & je m'imaginois bien que ce ne pouvoit être que lui qui étoit venu pour m'enlever la sœur. Mon silence & les marques de ma vive affliction toucherent le tendre Patrice.

Il demeura comme incertain s'il devoit parler. Je levai les yeux sur lui. Mon premier regard le fit rougir. Enfin la bonté de son naturel l'emportant sur tous ses projets , il me dit ingénument qu'il savoit la cause de mon chagrin , & qu'il avoit honte de m'avoir trompé.

Et vous aussi , Patrice , interrompis-je avec un profond soupir ! Hélas ! que vous ai-je donc fait ? Quelle raison aviez-vous de vous défier de moi ? Il convint qu'il étoit coupable , & il me promit là confession de toutes ses fautes. Mais ce qui presse le plus , me dit-il , c'est l'embarras où vous allez être , & où je suis déjà. Mon frere est ici. Je me suis engagé à favoriser le dessein où il est de mener Rose à Paris. Elle y consent. Je crains que vous ne puissiez vous y opposer sans vous attirer quelque nouveau chagrin. Je le pressai de s'expli-

quer davantage. Il me confeſſa que dans le
premier mouvement de ſurpriſe & de confu-
ſion où les avoit jettés mon retour imprévu,
Georges l'avoit chargé d'un air furieux de me
venir déclarer qu'il ne ſeroit pas deux fois
ma dupe, & que ſi j'entreprenois de retenir
Roſe, je l'obligerois, malgré lui, à quelque
violence. Quel parti prendre, me dit-il ? j'ai
toujours ſenti que je m'engageois impru-
demment ; mais je n'ai pu me défendre
contre ſes inſtances, ni réſiſter à certaines
promeſſes.

Quoique je ſentiſſe toutes les difficultés de
ma ſituation, je fus ſi ſatisfait de voir rentrer
Patrice dans ſon devoir & dans mes intéréts,
que je repris auſſi-tôt l'eſpérance. Je remis
toute autre queſtion à des circonſtances plus
tranquilles, & ne penſant qu'au mal préſent,
je lui demandai ſi Georges étoit ſeul. Il me
dit qu'il avoit avec lui trois Dames & deux
Gentilshommes, à l'un deſquels on ſe propo-
ſoit de marier Roſe. Nouvelle témérité, qui
me cauſa autant de douleur que d'étonnement. Marier Roſe, m'écriai-je ! à qui donc ?
& de quel droit prétend-on diſpoſer d'elle,
ſans ma connoiſſance & ſans mon aveu ? Il
ſe hâta de répondre que je ne devois pas m'a-
larmer ; que pour ce qui regardoit ce mariage, Georges n'avoit rien entrepris qu'avec
l'approbation & le conſeil de tous nos parents
& nos amis de Saint Germain ; que le Roi
lui-même y donnoit ſon conſentement, &
que le parti étoit également honorable &
avantageux pour notre ſœur. Chaque mot
d'un ſi étrange récit augmentoit ma ſurpriſe
& ma conſternation. Mais, repris-je d'une
voix altérée par le reſſentiment, ſuis-je donc

compté pour rien ? Méprifez - vous jufqu'à
ce point ma tendreffe, mon caractere & les
droits de mon âge ? D'ailleurs marie - t - on
une fille fans la confulter, fans qu'elle con-
noiffe, fans qu'elle ait même vu l'époux qu'on
lui deftine ? Il m'interrompit pour m'affurer
que par rapport à moi, l'on étoit réfolu de
m'informer de toute l'intrigue avant que d'en
venir à la célébration des noces, & que pour
l'amant de Rofe, il étoit venu fi fouvent
la voir avec Georges depuis notre féjour aux
Saifons, qu'elle avoit eu le temps de le connoître, & de prendre pour lui beaucoup d'eftime.

Il ne manquoit que ce dernier trait pour
achever de me faire fentir que j'avois été mi-
férablement leur jouet depuis notre départ de
Paris. Je ne demandai point d'autre explication, & prenant mon parti fans délibérer, je
priai Patrice d'avertir fon frere que je défirois impatiemment de l'entretenir en particulier. Il me fatisfit, après m'avoir fait promettre que je ne révélerois de fa confidence que ce
qui regardoit le départ de Rofe. Mais je fus
auffi furpris que de tout le refte de le voir
revenir triftement, pour m'annoncer que
Georges refufoit abfolument de me voir, fi
je ne m'engageois à confentir au départ de
ma fœur, & à bien vivre déformais avec lui.
Ciel ! m'écriai-je en y levant les yeux, vous
êtes témoin de qui la paix dépend ici. Mais
j'irai moi-même à lui, puifqu'il refufe de venir à moi.

En effet, je defcendis auffi-tôt, & malgré
l'agitation de tous mes fentiments, je reçus du
Ciel affez de force pour prendre un air calme & compofé. J'entrai dans l'appartement

où l'on ne s'attendoit à rien moins qu'à me
voir, après la timidité qui m'avoit fait chercher la folitude en arrivant. Georges parut dé-
concerté ; Rofe étoit tremblante ; & tous les
fpectateurs, qui n'ignoroient pas la fitua ion
des affaires, & qui avoient part au complot,
fe trouverent dans un certain embarras. Mais
lorfque j'ouvris la bouche pour m'expliquer
avec modération, tout ce que j'avois recueilli de fermeté m'abandonna à la vue de M.
de Sercine, fur qui le hazard fit tomber mes
yeux. C'étoit ce même Gentilhome que j'a-
vois vu à Saint Germain le matin du même
jour, notre proche parent, un homme âgé,
un courtifan, qui avoit la réputation d'être
plein de fageffe & d'expérience. Je trouvai
tout - d'un - coup, dans la complaifance qu'il
avoit d'accompagner Georges, la caufe du froid
accueil qu'il m'avoit fait ; & j'avoue que fa
préfence & ce fouvenir me glacerent tout-
d'un - coup le fang. Il s'apperçut que mon embarras me lioit la langue, & prenant lui-même la parole, il me pria de ne pas m'offenfer
de ce que fon zele pour notre maifon & fon
amitié pour mes freres & ma fœur l'avoient
fait entrer dans quelques mefures qui s'étoient
prifes à la vérité fans ma participation, mais
qui ne devoient pas alarmer ma fageffe & ma
piété ; que de toutes les perfonnes que je
voyois chez moi, il n'y en avoit pas une de
qui je puffe attendre dans toutes les occafions de l'amitié & des fervices ; que c'é oit fon
époufe & fes deux filles, avec M. Linch, jeune
Seigneur d'une grande efpérance, qui avoit lié
une amitié étroite avec mes freres, & qui avoit
des fentiments encore plus tendres pour ma
fœur ; que la retraite où je tenois Patrice &

Rofe étant une mauvaife voie pour les avancer dans le monde , & l'état de nos affaires ne
m'ayant pas permis fans doute de leur en faire
prendre une meilleure , il venoit avec toute
l'affection d'un parent & d'un ami leur offrir
fa maifon & fon crédit à la Cour ; que Rofe
n'y feroit pas reçue moins agréablement que
mes freres , qui avoient déjà eu l'honneur d'être
préfentés au Roi ; que ce Prince fouhaitoit ardemment de la voir , fur le portrait que Mylord Linch avoit fait d'elle ; enfin qu'il venoit
la prendre avec fon époufe & fes filles pour la
conduire à Paris , où elle pafferoit quelques
jours à fe faire habiller , & de-là à Saint Germain , où elle étoit attendue: que pour moi ,
fi je perfiftois dans mon inclination pour la
folitude , je pouvois demeurer tranquillement
aux Saifons ; & que tous les amis de notre famille s'emploieroient pour me faire obtenir un
bénéfice ou quelqu'autre faveur du Clergé.

Ayant eu le temps de me remettre pendant
ce difcours , je conçus que mes plaintes ,
mes objections & mes fcrupules feroient peu
écoutés , & qu'on n'attendoit pas mon confentement pour exécuter des projets qu'on
avoit formés fans me confulter. L'indifférence
qu'on marquoit pour moi en me confeillant
fi froidement de demeurer , me touchoit peu.
Ce n'étoit point aux careffes des hommes ni
aux faveurs de la fortune que mon cœur étoit
fenfible ; il l'étoit à l'endurciffement de Georges , dont la folle prudence l'emportoit fur
tous mes foins , & donnoit même un ridicule à ma tendreffe & à mon zele ; car je dé-
couvrois clairement dans la conduite & dans
les termes de M. de Sercine l'opinion qu'on

lui avoit fait prendre de moi. J'étois encore
plus vivement touché de l'aveuglement de Rofe
& de Patrice, qui fe livroient fi témérairement
aux premieres efpérances, & de l'ingratitude
avec laquelle ils s'étoient déterminés à me
caufer le plus mortel chagrin que je puffe recevoir. Cependant, malgré le trouble où me
jettoient des réflexions fi ameres, je formai
fur le champ les deux feules réfolutions qui
me reftoient à prendre dans ces triftes circonftances ; l'une de leur épargner jufqu'à mes reproches, parce qu'ils étoient déformais inutiles, & qu'ils ne pouvoient fervir qu'à les rendre
plus coupables ; l'autre de retourner promptement en Irlande, & de ne plus penfer à leur
être utile que par mes vœux & mes prieres. Ils
avoient trouvé des confeils, des protections,
des fecours, des établiffements mêmes ; fi j'en
croyois les flatteries de leur amour-propre, ils
n'avoient plus rien à attendre de moi ; & d'ailleurs il paroiffoit affez qu'ils n'en vouloient plus
rien recevoir.

Je ne dirai point qu'il n'entrât pas beaucoup
de reffentiment & de dépit dans le ferment in-
térieur que je fis de quitter la France ; mais
j'étois fûr du moins que la raifon & la religion n'y trouvoient rien à condamner. Elles
m'y portoient au contraire également ; & lorfque je me trouvai l'efprit libre & le fang moins
ému, je remerciai le Ciel d'avoir permis que
je fuffe engagé à partir par un lien affez fort
pour me faire furmonter les foibleffes du
fang & les mouvements d'une tendreffe exceffive.

J'eus donc la force de répondre paifiblement
à monfieur de Ser鋭ne, que les intérêts de
mes freres & de ma fœur étoient fort bien en-

tre ſes mains , & que ſi j'avois dû m'attendre
d'être traité avec un peu plus d'égards & de
confiance , j'avois du moins la conſolation de
voir ma famille très-honorée de la protection
du Roi & de la ſienne. Je n'ajoutai rien ; & cette
réponſe civile , à laquelle on s'attendoit moins
qu'à quelques traits de morale chagrine , fit
renaître la tranquillité & la joie dans l'aſſemblée. On ſervit des rafraîchiſſements. J'en fis
les honneurs , & je pris part à la converſation ,
avec ſoin d'écarter tout ce qui pouvoit renouveller mes peines. Cependant la vue de
Roſe . que je regardois comme la malheureuſe victime de l'ambition de ſon frere , ſes charmes innocents , ſes regards timides & embar-
raſſés qu'elle oſoit à peine fixer ſur les miens ,
m'arrachoient du fond du cœur des ſoupirs
que je ne retenois qu'avec violence. Je formai le deſſein de me ménager un entretien ſecret avec elle , pour faire une nouvelle ten-
tative ſur ſon eſprit , ou du moins pour la fortifier par la répétition de mes anciennes maximes.
Je lui fis ſigne de me ſuivre hors l'appartement. Elle m'auroit obéi : mais Georges m'ob-
ſervoit ; il pénétra mon deſſein , & la retenant
lorſqu'elle ſe levoit pour me ſuivre , il me
dit avec une douceur affectée , que j'avois eu
tout le temps de donner mes ſages conſeils à
Roſe ; qu'il ne falloit pas dérober ſa préſence
à tant d'honnêtes gens ; & que la remettant
entre les mains de madame de Sercine , je
pouvois compter qu'elle n'avoit plus beſoin
d'autre leçon que l'exemple d'une Dame ſi
aimable & ſi ſage. Ainſi tout me fut ravi cruel-
lement , juſqu'à la douceur de lui dire en
particulier le dernier adieu. A peine eus-je la
liberté d'entretenir un moment Patrice. Je

n'entrai avec lui dans aucun nouveau détail : mais après de justes reproches de sa foiblesse, qui rendoient toutes ses bonnes qualités inutiles, je l'exhortai à l'amour du moins de la vertu, lors même qu'il en oublieroit la pratique ; & je lui prédis une partie des maux dont il étoit menacé. Peut-être n'aurois-je pu lui cacher la résolution de mon départ, si Georges, qui appréhendoit autant mes séductions que j'eusse dû craindre les siennes, ne fût venu m'interrompre. Il me dit d'un air satisfait qu'il alloit travailler efficacement à notre fortune avec Rose & Patrice ; que je serois toujours le premier à qui il en feroit recueillir les fruits, & qu'il recommandoit ses entreprises à mes prieres. Partez, lui répondis-je ; allez, Georges, & puisse votre fortune surpasser mes espérances ; le plus ardent de mes souhaits est de vous voir sage & heureux ; mais je suis trompé si vous le devenez par des voies si étranges. M. de Sercine & Mylord Linch, qui nous joignirent au même moment, affecterent de m'interrompre par des compliments déplacés. Il me fut aisé de reconnoître qu'ils agissoient tous de concert, pour m'ôter les moyens de leur dire ce qu'ils ne pouvoient entendre sans honte. La nécessité me fit céder à cette tyrannie. Je les vis partir sans leur donner aucune autre marque de chagrin que mon silence. J'eus même les yeux constamment baissés ; & lorsqu'ils m'assurerent en m'embrassant qu'ils auroient soin de me donner souvent de leurs nouvelles, je ne leur répondis que par des inclinations de tête & de profondes révérences.

Il est vrai que Patrice me protesta, en me serrant la main, que mes intérêts lui seroient

toujours auffi chers que les fiens , & qu'il me
donneroit bientôt de meilleures preuves de
fes fentimens. Mais quel fond pouvois-je
faire fur un caractere foible & inconftant , fur
lequel il paroiffoit que les nouvelles impref-
fions étoient toujours les plus fortes ? Il avoit
reconnu fon devoir deux heures auparavant :
il avoit pris parti pour moi , en fe confefant
coupable de s'être laiffé entraîner par les confeils de fon frere , & je le voyois partir pour
me fuir , d'un air auffi content que ceux qui
me l'enlevoient , fans m'avoir même expliqué le fond ce fes deffeins , & fans me laiffer
les moindres lumieres fur fes démarches paf-
fées, pour fervir du moins de regle à ma propre conduite. Auffi n'employai-je les premiers
moments que je paffai feul après leur départ ,
qu'à renouveller le ferment que j'avois fait de
quitter la France. Il n'y avoit plus de raifons
qui puffent me faire balancer. J'étois dégagé
de tous mes devoirs par leur obftination &
par leur fuite ; & après la maniere fanglante
dont on venoit de me traiter , la tendreffe du
fang n'étoit plus qu'une foibleffe.

Cependant , comme je ne voulois rien avoir
à me reprocher , je ne crus pas qu'il me fût
permis d'abandonner les Saifons fans y laiffer
quelque perfonne de confiance qui prît foin
de leurs affaires, & qui leur remît fidellement
ce que j'étois réfolu de leur laiffer. Quoique
le droit d'aineffe me donnât la meilleure part
à tout ce que nous avions poffédé jufqu'alors
en commun, mon deffein étoit de leur céder
fans exception tout ce que j'y pouvois prétendre, & de prendre feulement , fur la fomme qui étoit encore entre mes mains , ce qui
m'étoit néceffaire pour les frais du voyage.

Killerine m'offroit une retraite où je pouvois
toujours vivre commodément des seuls fruits
de mon bénéfice. Je jettai donc les yeux sur
monsieur des Pesses, dont je connoissois parfaitement la probité ; & jugeant même qu'une com-
mission de cette nature lui seroit fort agréable
par les nouvelles occasions qu'il auroit de rendre
service à Rose & à mes freres, je le fis prier
de venir promptement aux Saisons.

Cette invitation extraordinaire lui donna des
espérances qui se trouverent mal remplies à
son arrivée. En lui apprenant la résolution
où j'étois de retourner en Irlande, je ne pus
lui en laisser ignorer les motifs, ni lui cacher
par conséquent ce que j'avois recueilli du
court entretien que j'avois eu avec Patrice,
sur ce qui concernoit Rose, & les vues de
Mylord Linch. Il en fut d'abord affligé jusqu'à me faire craindre quelque funeste effet de
sa douleur, sur-tout lorsqu'il vint à considérer
que mon départ le privoit de l'unique ressource qu'il avoit auprès d'elle. Cependant étant
revenu de ce transport, & me voyant trop affermi dans mon dessein pour se flatter que je
pusse changer de sentiment, il se réjouit, comme je l'avois prévu, du choix que je faisois
de lui pour lui confier notre maison. C'étoit
un droit qu'il acquéroit de revoir ma sœur,
& d'entretenir quelque liaison avec elle ; ce
qu'il n'auroit pu se promettre autrement dans
des circonstances si peu favorables pour son
amour. Je lui demandai si, étant logé proche
de Patrice pendant le séjour qu'il avoit fait
aux Saisons, il ne s'étoit point apperçu de tout
ce qui s'y passoit contre ses intérêts & contre
les miens. Il me dit qu'il s'étoit souvent imaginé pendant des nuits entieres d'entendre du

bruit dans le jardin & dans d'autres lieux ;
mais que ne fe défiant de rien, la bienféance
ne lui avoit pas permis de porter fa curiofité
trop loin dans la maifon d'autrui. J'interrogeai
de même le feul Domeftique qui étoit refté
avec moi, & je n'en tirai pas plus de lumieres ; de forte que je n'emportai pas même en
partant la fatisfaction de favoir par quels ar-
tifices on m'avoit trompé, ni s'il avoit été dans
mon pouvoir de m'en défendre. Cette connoiffance, à la vérité, n'auroit pas réparé le mal,
mais elle auroit fervi à me faire raifonner encore plus jufte fur les malheureufes fuites que j'en
devois attendre.

Ce ne fut pas fans un tendre regret que je
me féparai le lendemain de monfieur des Peffes,
après lui avoir remis environ dix mille écus,
qui étoient l'unique refte de la fortune de nos
ancêtres. Je lui laiffai un fimple billet, adreffé
à mes freres, dans lequel je leur déclarois,
fans aucune marque de reffentiment, que me
trouvant dégagé de toutes mes promeffes par
mille raifons que j'évitois de rappeller, je
prenois le parti de retourner à Killerine ; &
que fi j'avois cru pouvoir les préférer pendant quelque temps à mon troupeau, j'étois
obligé de me rendre à mes anciens devoirs,
lorfque ma préfence & mes foins leur devenoient abfolument inutiles. Je les exhortois à
fe fouvenir de leur naiffance & de leur Religion, & de ce qu'ils devoient par ces deux
motifs à Dieu & à l'honneur de leurs ancêtres. Je leur recommandois inftamment leur
fœur, dont le foin étoit déformais leur premier devoir, & d'un compte d'autant plus ri-
goureux, que c'étoit volontairement qu'ils
s'en étoient chargés. Enfin, je leur marquois

que j'avois remis à M. des Pesses notre maison & notre argent, sur lesquels je leur aban-
donnois tous mes droits. Je laissai une lettre
beaucoup plus longue pour Rose, mais où il
n'entroit que de la tendresse & des conseils
salutaires. Cependant je ne puis cacher que
j'eus beaucoup de violence à me faire pour
écrire avec cette modération. Il s'en falloit
bien que toutes les plaies de mon cœur fussent fermées. J'étouffai ses plaintes, résolu de
ne prendre conseil désormais que de la raison
& du devoir.

Il fallut néanmoins me combattre encore
en passant par Saint Germain pour me rendre
à Dieppe ; & j'éprouvai plus que jamais, par
la peine que j'eus à me vaincre, combien les
mouvements les plus réglés de la nature sont
difficiles à gouverner. Que n'en doit-il pas
coûter par conséquent pour prendre un parfait empire sur les passions ! Je savois que
mes freres & ma sœur devoient arriver à la
Cour avant la fin de la semaine. Je me sentois porté à les attendre, & à chercher pour la
derniere fois l'occasion de les voir. Tantôt
c'étoit pour leur faire tous les reproches qu'ils
méritoient, & que la présence de M. de Sercine m'avoit contraint d'étouffer dans mon
cœur. Tantôt c'étoit pour satisfaire ma tendresse, qui étoit encore assez forte pour me
faire oublier leur ingratitude. Ils ne s'atten-
doient point à mon départ. Ils n'avoient jamais regardé la proposition de les quitter, que
le mécontentement m'avoit fait faire plusieurs
fois, comme une menace sérieuse. Il pouvoit
encore arriver que me voyant en chemin pour
m'éloigner sans retour, le souvenir de tout
ce que j'avois fait pour eux, & la honte de

m'avoir caufé de fi injuftes chagrins, leur fif-
fent reprendre les fentiments qu'ils avoient eus
pour moi. Mais quand ils les euffent repris,
à quoi ce changement pouvoit-il aboutir ? Ils
étoient déjà trop engagés. Ils avoient pris des
guides que la bienféance ne leur permettoit
plus d'abandonner, & dont les vues ne pouvoient jamais s'accorder avec les miennes ;
d'ailleurs c'étoit me flatter trop que de les
croire difpofés à fe réconcilier avec moi. Je
leur étois devenu incommode ; je devois
craindre de l'être encore plus à Saint Germain. Qui fait de quelle maniere ils auroient
pris ma vifite, & fi Georges, qui avoit été capable de fe faire un jeu de mes infirmités naturelles avec meffieurs de Sercine & Dillon,
n'eût pas couronné fa vengeance par quelque
infulte éclatante ? De toutes ces réflexions je
m'attachai à celles qui devoient me faire hâter
mon voyage. Je me rendis à Dieppe, où je
profitai du prémier vaiffeau qui s'offrit pour
Londres. Au moment que je m'embarquois
on me remit une lettre de M. des Peffes,
qu'il m'avoit adreffée au hazard dans la même auberge où nous avions paffé quelques
jours en arrivant en France. Je balançai fi je
devois la lire, dans la crainte d'y trouver quelque nouveau fujet de peine ; mais la tendreffe
du fang prévalut encore. Je l'ouvris. Elle
contenoit de nouvelles inftances pour m'arrêter, avec la relation d'une vifite que M.
des Peffes avoit rendu à mes freres & à ma
fœur ; ayant découvert heureufement leur demeure à Paris, il n'avoit pas perdu un moment pour leur annoncer mon départ. Rofe
s'étoit évanouie à cette nouvelle, & n'étoit
revenue que pour verfer un torrent de larmes ;

Patrice avoit donné aussi toutes les marques
d'une vive douleur. Georges même avoit paru
frappé d'un dénouement si imprévu ; mais il
avoit employé aussi-tôt tout son esprit pour
consoler sa sœur & son frere, en leur repré-
sentant que ma présence n'étoit pas nécessaire
à leurs projets ; que rien ne les empêchoit d'es-
pérèr que je ne pusse vivre fort heureusement
dans mon bénéfice ; & que si leurs affaires
tournoient aussi bien qu'ils devoient se le promettre, il ne seroit jamais trop tard pour m'inviter à revenir partager leur fortune. M. des
Pesses concluoit des larmes de Rose, & des
regrets de Patrice, que j'en étois aimé tendrement, & que si je voulois tenter quelque nou-
vel effort, ils pouvoient encore être ramenés
à mes vues. Je vis dans le tour de sa lettre
un amant inquiet pour lui même, qui tâchoit
de me retenir par de foibles espérances, pour
faire servir mon retour à rétablir un peu les
siennes. Mais quand j'aurois cru Patrice &
Rose encore plus sincérement affligés, je connoissois l'humeur fiere & inflexible de Georges. J'étois sûr qu'il n'entroit pas plus de tendresse pour eux dans le parti qu'il avoit pris
de me les enlever, que de ressentiment de la
maniere dont je lui avois moi-même enlevé
sa sœur. Il avoit voulu se venger avec usure.
Ainsi je ne pouvois tenter de les lui ôter encore, sans l'exciter à une nouvelle vengeance,
qui perpétueroit puérilement les représailles.
Cette pensée, qui avoit été un des principaux
motifs de mon départ, me défendit contre les
sollicitations de M. des Pesses, malgré l'at-
tendrissement excessif que sa lettre m'avoit
causé. Je lui fis sur le champ une courte réponse, pour lui marquer la constance de mes

résolutions, & mon embarquement , qui se fit
à l'heure même. En deux jours d'une heureuse navigation j'arrivai à Londres , d'où je
fis le chemin par terre jusqu'à Holyhead. Un
vaisseau Anglois que le hazard me fit trouver prêt à lever l'ancre me rendit en quatre
jours à Londondery , & je me revis le lendemain au soir dans ma maison de Killerine.

Quatre mois d'absence m'auroient fait trouver une vive satisfaction dans les embrasse-
ments & les caresses de mes amis , si j'eusse
pu me délivrer de mille fâcheux souvenirs
dont j'avois la source dans le cœur encore
plus que dans l'imagination. Je ne pus me
trouver si proche du tombeau de mon pere ,
sans ressentir une mortelle confusion de n'a-
voir pas un meilleur compte à lui rendre du
dépôt qu'il avoit confié à mes soins. Le témoignage de ma fidélité & de mon zele , que
je trouvois au fond de mon cœur , en écar-
toit bien toute ombre de remords ; mais loin
d'en bannir le regret & la tristesse, il ne ser-
voit qu'à me rappeller l'inutilité de mes peines , & les misérables fruits que j'avois re-
cueillis de mes espérances. Je portois ce poids
à tous moments , & dans toutes sortes de lieux.
Ce n'est pas qu'en examinant quelquefois les
choses dans un sens plus favorable, je ne ren-
disse à Georges la justice qu'il méritoit de
plusieurs côtés. La sagesse de ses mœurs , la
droiture de son jugement , & l'honnêteté de
ses principes étoient trois points sur lesquels
je ne lui avois jamais reconnu de foible ; &
je concevois bien que quelque part que l'esprit de vengeance pût avoir à la conduite qu'il
avoit tenue à mon égard , & l'ambition ou l'a-
mour du monde à celle qu'il vouloit faire

prendre

prendre à son frere & à sa sœur, il ne falloit pas craindre qu'il les portât au vice par son ambition ou par son exemple. Mais l'espece de vertu qu'il étoit capable de leur inspirer me paroissoit presqu'aussi redoutable que le vice. C'étoit uniquement l'envie de plaire aux hommes, c'étoit l'estime de leurs faveurs & le goût de toutes les voies qui peuvent y conduire. Le plus honnête homme qui ne l'est pas avec une autre fin, tarderoit-il long-temps à devenir vicieux, si le vice pouvoit servir à ses vues ? Et n'arrive-t-il pas en effet qu'il y devient souvent nécessaire ? Car à quoi sert de le déguiser sous d'autres noms ? La noblesse de sentiments est-elle autre chose que de l'orgueil, quand elle n'a pour objet que des grandeurs & des distinctions humaines ? La politesse & la complaisance qui servent à ouvrir les voies de la fortune, ne sont-elles pas presque toujours une lâche approbation des défauts ou des déréglements d'autrui ? La galanterie, sans laquelle on ne feroit pas un pas dans le monde, peut-elle être distinguée sérieusement de la volupté sensuelle dont elle est comme la fleur & le rafinement ? J'accorde, si l'on veut, qu'un homme de jugement & d'honneur tel que je me figurois Georges, ne se livre point sans ménagement à cette dépravation. Mais quel frein pouvoit retenir Rose & Patrice ? Leur âge qui étoit à peine au-dessus de l'enfance ; leur caractere tendre & facile qui les rendoit capables de l'excès du bien & du mal, suivant les premieres impressions par lesquelles ils seroient déterminés ; l'éclat de leurs qualités naturelles qui les exposoit à des séductions plus présentes & plus inévitables ; enfin la témérité de leur frere, qui

ne concevoit pas même qu'ils eussent besoin
de précaution, étoient de justes sujets d'alarmes, qui me faisoient craindre pour eux autant
de chûtes que de pas.

En réfléchissant ainsi sur la cause de mes
regrets, il me vint un scrupule qui me causa
beaucoup d'embarras. L'opinion même que
j'avois du jugement & de la probité de Georges, me fit douter si mes délicatesses de religion n'avoient pas été portées trop loin, &
si l'idée que je me formois du monde n'étoit
pas fausse, ou du moins exagérée. Il étoit certain que je ne la devois point à ma propre expérience. C'étoit le fruit de mes lectures, ou
des principes d'éducation que j'avois reçus au
Séminaire de Carrickfergus. Georges, au contraire, quoiqu'âgé seulement de quelques années plus que son frere, avoit eu de bonne
heure l'occasion de se répandre beaucoup plus
au-dehors, parce que se trouvant l'ainé de
notre maison, il étoit obligé, dans les dernieres années de la vie de mon pere, de le représenter aux assemblées de la province, & d'entretenir certaines liaisons de bienséance avec
la Noblesse de notre canton. Etoit-il impossible qu'il eût acquis des connoissances plus
justes que les miennes, & qu'étant mieux informé des usages du monde, il eût jugé avec
plus de discernement de ce qu'ils ont de criminel ou d'innocent ? Dans cette supposition,
non-seulement il devoit connoître mieux que
moi ce qui étoit convenable aux intérêts de
son frere & de sa sœur, mais il auroit eu raison de me reprocher, comme il avoit fait plus
d'une fois, que mon zele surpassoit mes lumieres, & que j'étois plus propre à la solitude
du cabinet, qu'à donner des regles de con-

duite pour le monde. J'aurois mérité même
d'être regardé comme un cenfeur aveugle &
comme un turbulent qui dérangeoit mal-à-pro-
pos fes fages deffeins par mes plaintes & par
mes remontrances importunes. A la vérité les
livres faints, dont toutes les maximes font in-
faillibles, déclarent la guerre en mille endroits
au monde & à fes partifans ; mais ils expli-
quent auffi ce qu'il faut entendre par les partifans du monde : ce font les fourbes, les or-
gueilleux, les fenfuels, les vindicatifs, les ra-
vifeurs du bien d'autrui, &c. toutes qualités
qu'on ne peut attribuer raifonnablement à la
plupart des perfonnes qu'on connoît, & qu'on
n'attribueroit pas fans une témérité criminelle
à ceux qu'on ne connoît point. C'eft donc fur
cette feule efpece d'hommes, s'il en eft beaucoup d'un fi affreux caractere, que tombent
toutes les malédictions évangéliques ; ce qui
n'empêche pas que le plus grand nombre de
ceux mêmes qui vivent avec eux dans le monde, ne puiffent être d'un commerce aimable &
fans danger, & Georges pouvoit l'avoir reconnu
par l'expérience.

Dans l'incertitude où je demeurai après ces
réflexions, je me repentis amérement de n'a-
voir pas mieux profité du temps que j'avois
paffé en France pour acquérir les lumieres qui
me manquoient. Il m'auroit été facile de me
faire introduire dans toutes fortes de fociétés,
& d'en démêler les principes & les ufages.
J'aurois appris par moi-même ce qu'un chrétien doit penfer du monde. Peut-être me fe-
rois-je mieux accordé avec Georges après
avoir acquis cette connoiffance, & la paix auroit continué de régner dans notre famille ;
au lieu que par ma précipitation à condam-

mer tout ce qui m'avoit déplu, j'étois peut-
être coupable de l'avoir troublée. Ce doute
m'affligea si vivement, que j'aurois eu peine
à me consoler, si le Ciel n'eût rendu le repos
à ma conscience par une autre réflexion. S'il
est vrai, me dis-je à moi-même, que Georges ne s'égare point dans ses idées & dans ses
projets, je ne dois pas regretter qu'il m'ait
ôté la conduite de son frere & de sa sœur; ils
ne peuvent être mieux que sous la sienne. S'il
s'égare autant que je l'ai cru, j'ai fait mon
devoir en le condamnant, & j'ai eu raison de
le quitter lorsque j'ai perdu tout espoir de le
faire rentrer dans le sien.

Ce n'étoit pas à Killerine que mes difficultés pouvoient s'éclaircir autrement. Une
bourgade, presque uniquement composée
d'artisans & de laboureurs, étoit peu propre
à me représenter le monde où mes freres &
ma sœur se trouvoient engagés. D'ailleurs
l'innocence & la tranquillité régnoient depuis
long-temps dans mon troupeau. Cependant
comme les dispositions de la Providence
avoient commencé à se déclarer sur mon sort,
& que toute la suite de ma vie étoit destinée
à beaucoup d'agitation, il ne me fut pas accordé, même à Killerine, pendant quelques
mois que j'y passai, de jouir du repos que
j'y étois venu chercher, & que tout le monde
y goûtoit. A peine commençois-je à revenir
un peu de la profonde tristesse que j'avois
apportée de France, que pour me préparer à
mille nouvelles douleurs auxquelles la tendresse fraternelle devoit bientôt m'exposer,
le Ciel me suscita une épreuve d'autant plus
sensible qu'elle regardoit l'honneur de mon
pere, c'est-à-dire ce que j'avois de plus pré-

cieux après les intérêts de Dieu & de la Religion. Ce n'est pas interrompre l'histoire de
mes freres que de m'arrêter un moment à ce
récit, parce qu'il se trouve lié par ses suites
avec la plupart des événements que j'ai entrepris de raconter.

Quelques Gentilshommes du Comté d'Antrim, mal intentionnés pour le gouvernement, & piqués sur-tout de voir passer les
plus belles terres d'Irlande entre les mains
des favoris du Roi, sans autre titre pour les
obtenir que leurs bassesses & leurs flatteries,
s'étoient ligués secrétement dans le dessein de
soulever le peuple, & peut-être dans l'espérance de lui faire secouer entiérement le joug
de l'Angleterre. Le succès d'une si grande
entreprise dépendant d'une infinité de ressorts
& de mouvements, ils avoient employé plusieurs années à dresser leurs machines, & le
secret avoit été gardé si fidélement, qu'après
même qu'il fut découvert on ne put parvenir à connoître les complices. L'un d'entr'eux, nommé *Fincer*, ancien ami & voisin
de notre maison, perdit malheureusement le
plan général du projet, qui fut trouvé par un
Officier du Roi. Fincer s'apperçut aussi-tôt
de sa perte ; mais étant sûr que cet écrit étoit
d'une main fidelle & inconnue, & la prudence des conjurés qui l'avoient dressé de concert, leur ayant fait déguiser les noms des
personnes & des lieux d'une maniere qui ne
pouvoit les trahir, il se flatta de pouvoir écarter les soupçons s'ils tomboient sur lui, &
de rendre toutes les recherches inutiles. En
même temps néanmoins il ne négligea pas d'informer de son malheur tous ceux qu'un même intérêt obligeoit d'y prendre part ; mais

E 3

pour les empêcher de s'alarmer il leur jure de nouveau une fidélité à toute épreuve. En effet, le Viceroi, à qui l'on s'étoit hâté de remettre le mémoire, prit inutilement toutes fortes de voies pour découvrir les auteurs & les miniftres du complot.

Cependant la crainte d'un danger fi preffant l'ayant porté à mettre le fecret à prix, fuivant la méthode d'Angleterre, on vint à bout, fur divers indices, tels que le temps & le lieu où le projet avoit été trouvé, de s'affurer que c'étoit M. Fincer qui l'avoit perdu. Il fut arrêté & conduit dans les prifons de Dublin. On commença auffi-tôt les interrogations, & le Viceroi s'y trouva préfent lui-même. Mais au lieu de voir un criminel confterné, on fut furpris que, fans marquer la moindre émotion, Fincer offrît volontairement de s'expliquer. Il confeffa qu'il avoit deux chofes à fe reprocher ; l'une d'avoir gardé fi longtemps un mémoire dangereux ; & l'autre de ne s'être pas hâté, après l'avoir perdu, de venir déclarer le fond du myftere au Viceroi, pour lui épargner les fauffes démarches auxquelles un péril imaginaire l'avoit engagé ; que pour la première de ces deux fautes il n'avoit point d'autre juftification à donner que fa curiofité, qui lui avoit fait conferver trop long-temps une piece rare & d'une nature extraordinaire ; & que pour la feconde, il étoit vrai que fon devoir l'obligeoit d'offrir plutôt quelques éclairciffements au Viceroi, mais qu'on devoit fe figurer aifément qu'un homme innocent qui aime le repos, évite autant qu'il peut de s'expofer à des embarras inutiles : en un mot, qu'il avoit efpéré qu'on ne découvriroit jamais que le mémoire eût été entre fes mains,

& qu'étant certain que le projet de révolte qu'il contenoit n'étoit qu'une chimere , qui s'étoit évanouie avec la vie & le souvenir de son auteur , il avoit cru que , pour la tranquillité publique autant que pour la sienne , il ne pouvoit prendre de parti plus sage que le silence.

Comme ce discours parut fort obscur , & qu'on lui demanda des explications moins équivoques , il ajouta avec la même tranquillité qu'il étoit fâché qu'on le forçât de noircir l'honneur des morts , mais que dans la nécessité où il étoit de ne rien cacher , il déclaroit à regret que l'auteur du mémoire avoit été le feu Comte de..... ; que le zele de ce Seigneur pour la Religion romaine lui avoit fait entretenir pendant toute sa vie un désir ardent de la tirer de l'oppression ; qu'il avoit formé cent projets qu'il n'avoit pu faire goûter à ses amis , & qui n'avoient jamais été plus loin que sur le papier ; que sa mort ayant achevé de les dissiper , il en étoit resté apparemment quelques copies ; que le mémoire en étoit une , & que l'ayant trouvé lui-même entre les papiers de son pere , qui étoit mort aussi depuis quelques mois , il ignoroit de quelle maniere elle y étoit venue ; qu'il se souvenoit seulement de l'avoir entendu parler des desseins du Comte , qui étoit de ses meilleurs amis , & des efforts qu'il avoit toujours faits pour le guérir de ces vaines imaginations ; enfin , pour donner encore plus de vraisemblance à son discours , Fincer assura le Viceroi que mes freres ne s'étoient déterminés à quitter l'Irlande que par la crainte d'être accusés tôt ou tard , & peut-être avec justice , d'avoir participé aux projets de leur pere.

A la vérité ce tiſſu de calomnies n'étoɔ̃
ſoutenu d'aucune preuve ; mais comme il n'y
en avoit pas non plus à produire contre l'ac-
cuſé, le Viceroi fut obligé de ſuſpendre les
procédures en attendant de nouvelles lumieres, & Fincer fut retenu dans ſa priſon. Le
bruit de cette aventure s'étant répandu à Dublin dès le même jour, je reçus tout à la
fois pluſieurs lettres qui m'apprenoient l'injure qu'on venoit de faire à mon pere, &
m'avertiſſoient même du péril où j'étois d'ê-
tre arrêté.

C'étoit en effet à quoi je devois naturellement m'attendre. Mais moins touché de
cette crainte que de l'honneur de mon ſang,
je n'examinai point ſi j'avois des riſques à
courir, & je me crus appellé à Dublin par
toutes ſortes de raiſons. Je fis tant de diligence, qu'ayant prévenu les ordres du Viceroi,
je me préſentai à lui lorſqu'il s'y attendoit
le moins. La force avec laquelle je défen-
dis l'innocence de mon pere, & l'offre que
je fis volontairement de ma tête, s'il paroiſſoit par le moindre témoignage qu'il eût jamais manqué de reſpect pour le gouvernement ou pour les conſtitutions du pays, ba-
lancerent du moins les dépoſitions de Fincer.
Je demandai enſuite, avec la même fermeté,
d'être confronté ſur le champ à notre accu-
ſateur. On ne me refuſa point ce qu'on auroit exigé de moi ſi je ne l'euſſe pas demandé
comme une faveur. Le Viceroi fut témoin
de cette ſcene. Fincer étoit de mon âge, &
nous nous connoiſſions depuis l'enfance. Ma
préſence le déconcerta. Il me dit d'un air
embarraſſé qu'il étoit ſurpris de me voir engagé dans ſon affaire, lorſque je n'étois accu-

fé de rien, du moins par fes dépofitions, &
que pour ce qui regardoit mon pere ; c'étoit
avec un mortel regret qu'il s'étoit trouvé
contraint, pour fa propre juftification, de révé-
ler tout ce qu'il avoit appris du fien. Je le
priai de m'apprendre ce qu'il prétendoit favoir avec tant de certitude. Il le fit dans les
termes que j'ai rapportés, & qui étoient les
mêmes que ceux qu'on m'avoit marqués
d'après fes premieres dépofitions ; ce qui
me fit juger que le perfonnage qu'il jouoit
étoit médité. Je conçus qu'il me feroit difficile de confondre l'impofture, & quoiqu'une
accufation vague & fans preuves ne fût
pas fuffifante pour noircir àbfolument la mémoire de mon pere , je m'affligeai d'autant
plus de la voir en proie aux foupçons , que
Fincer étant Proteftant, je prévoyois que toutes chofes égales , la Cour & le public lui
feroient plus favorables qu'à ma famille. Cette crainte fut vérifiée fur le champ par la conduite du Viceroi. Il prit mon chagrin pour
une marque d'embarras, & voyant que Fincer ne me donnoit pas le moindre avantage
fur lui par fes réponfes, il me déclara que
fans être traité de coupable , je ferois retenu
par précaution fous la garde d'un Meffager
d'Etat.

Cependant, loin de regarder ma captivité
comme une nouvelle difgrace , je crus qu'elle deviendroit utile à l'honneur de mon pere
par le droit qu'elle me donneroit de preffer
plus vivement fon accufateur , & d'obtenir
des Juges une explication qui levât tous les
doutes du public ; car c'eft tout ce que je
croyois avoir de plus fâcheux à redouter. Je
marquai à mes amis de recueillir dans le voi-

E 5.

finage des terres qui nous avoient appartenu ;
tous les témoignages qui pouvoient faire connoître l'humeur tranquille de mon pere , &
l'horreur qu'il avoit eu pendant toute fa vie
pour les factions & le trouble. Cette recherche demandoit un temps confidérable. De fon
côté le Viceroi , qui ne vou'oit rien précipi-
ter , fit traîner fes informations en longueur ,
dans l'efpérance de quelque rayon de lumiere qui feroit fortir tôt ou tard la vérité des
ténebres ; de forte qu'il fe paffa trois mois
entiers fans aucun changement dans le fort
de Fincer ni dans le mien. Enfin le zele de
mes amis me procura des mémoires fi favorables , que je croyois mon pere juftifié &
mes peines finies , lorfque , par la négligen-
ce ou par la corruption des gardes , Fincer
trouva le moyen de fe fauver de fa prifon ,
& de fortir heureufement d'Irlande. Son évafion fe fit fi fecrettement qu'on ne put découvrir la moindre trace de fa fuite , & ce fut.
par d'autres aventures que j'appris long-temps
après de lui-même qu'il s'étoit retiré en Da-
nemarck.

On s'imaginoit que le Viceroi regarde-
roit cet éloignement volontaire comme une
conviction ; & j'étois perfuadé que par rapport à mon pere , une circonftance fi forte ,
jointe aux témoignages que j'avois fait recueillir en fa faveur , ne permettoit pas aux
Commiffaires de me refufer une déclaration
publique de fon innocence. Cependant on
répondit à mes follicitations , que l'obfcurité
& l'incertitude n'étant pas diminuées par la
fuite de l'accufé , on ne pouvoit s'expliquer
fans témérité & fans injuftice ; que l'amour
de la liberté l'avoit pu porter à fuir , plu-

tôt que la crainte du châtiment; que les loix du pays demandoient des preuves formelles, & qu'il falloit les attendre du temps. On n'inquiéra pas même sa fille uuique, qu'on laissa jouir paisiblement de son bien: Pour moi, l'on se contenta de me demander caution, suivant l'usage, & l'on me rendit enfin la liberté. Le public jugea diversement de cette conduite. Les uns s'imaginerent que le Viceroi rebuté de l'inutilité de ses recherches, & perdant toute espérance depuis l'évasion de Fincer, avoit pris le parti de renoncer à de nouvelles poursuites, & que s'il refusoit de justifier la mémoire de mon pere, c'étoit pour humilier les Catholiques, en laissant tomber les soupçons sur eux dans l'esprit de ceux qui croiroient la conspiration réelle.

D'autres jugerent avec plus de vraisemblance que cette apparence de modération n'étoit qu'un voile, & qu'on avoit dessein d'endormir les conjurés par une fausse paix, pour éclairer sourdement leurs actions, & les surprendre dans quelque fausse démarche.

Ces conjectures m'occuperent beaucoup moins que le regret d'avoir tiré si peu de fruit de mon voyage. Je repris tristement le chemin de Killerine, pour y chercher dans l'exercice de mon emploi la seule douceur qui me restoit après tant de disgraces. Ma soumission aux ordres du Ciel m'empêchoit bien de l'accuser de dureté; mais je me plaignois d'en avoir reçu un cœur trop sensible, ou de n'en pas recevoir des consolations proportionnées à cette foiblesse. Tout le plaisir que je trouvois dans la pratique de mes devoirs ne se faisoit goûter que de ma raison, & les chagrins que j'avois essuyés depuis plus

E 6.

d'un an altéroient jufqu'à mon fang & mes
forces. J'en avois perdu le fommeil & l'apé-
tit. Ainfi le dédommagement étoit d'un autre ordre que les peines, & n'avoit pas la
même force pour fe faire fentir. Cependant
l'efpérance chrétienne fortifioit mon ame à me-
fure que ma fanté s'affoibliffoit. Mon âge paffoit déjà cinquante ans. Eft-ce la peine, difois-
je, pour un refte de vie fi court, de fouhaiter
du bonheur & du repos? D'ailleurs les liens du
fang doivent être rompus par la mort. Sup-
pofons qu'ils le foient déjà. Car pourquoi diftinguer ce qui n'eft féparé que par un inftant ?
Et je n'ai pas même cette fuppofition à faire :
mon pere eft au tombeau, & mes freres m'ont
forcé de les abandonner ; qui empêche que je
me regarde comme nn homme déjà mort, puifqu'étant dégagé de tous les devoirs de la nature,
il n'eft que trop vrai que je ne tiens plus à rien
fur la terre.

Peut-être qu'avec le fecours de ces réflexions j'aurois acquis tôt ou tard l'infenfibi-
lité qui étoit néceffaire à mon repos. Je faifois tant d'efforts pour y arriver, que j'avois
même différé jufqu'alors de donner de mes
nouvelles à mes freres; & c'étoit une violence que je m'étois faite uniquement dans cette
vue. Il eft vrai que je n'avois pas reçu non
plus de leurs lettres, & que ne me défiant
pas de l'obftacle qui les arrêtoit, je prenois
leur filence pour une confirmation de leur
mépris; mais le reffentiment ne m'auroit pas
porté à le garder moi-même fi long-temps,
fi je ne m'étois cru juftifié par une raifon
plus légitime. Je fouhaitois donc de parvenir,
finon à les oublier, du moins à fupporter
leur ingratitude fans douleur, & à demander

leur bonheur au Ciel fans altéier le mien.

Un dimanche au foir que je rentrois chez
moi plein de ces idées, mon valet que j'a-
vois pris en paffant par Saint Germain, & qui,
étant originaire d'Irlande, m'avoit fuivi volontiers jufqu'à Killerine, où il continuoit de
demeurer à mon fervice, me dit que j'étois
attendu impatiemment depuis le commencement de la nuit par un jeune homme qu'il ne
connoiffoit point, & qui n'avoit pas jugé à
propos de lui apprendre fon nom. Il ajouta
que s'étant fait introduire dans une falle, il
lui avoit recommandé inftamment de n'y laiffer entrer perfonne jufqu'à mon retour ; &
fi je n'arrivois pas feul, de me dire fecrete-
ment qu'il fouhaitoit de m'entretenir en particulier. Je me hâtai de l'aller joindre, en cherchant dans moi-même de qui pouvoit être
une vifite fi myftérieufe, mais fort éloigné de
m'imaginer la vérité. J'ouvre la porte de la
falle, & je me trouve au même moment entre
les bras de Patrice.

On fe figure fans peine que, malgré toutes
mes réfolutions, mon premier mouvement
fut un tranfport de tendreffe & de joie. Cependant faifi tout-d'un-coup d'une vive inquiétude, qui venoit autant du filence avec
lequel ce cher trere m'embraffoit, que de fon
arrivée imprévue & du difcours de mon valet, je me dégageai de fes bras pour le regarder d'un œil fixe, fans avoir moi même
la force d'ouvrir la bouche. Je lui trouvai les
yeux mouillés de larmes & le vifage extrêmement pâle & abattu. Mon trouble ne faifant qu'augmenter, je le pris par la main, &
le conduifant vers un fauteuil ; Dieux, lui
dis-je! que m'annoncent ces larmes & ce filen-

ce ? Et cette arrivée même, dont je n'ai pas reçu le moindre avis, cette pâleur, cet embarras.... Patrice, ajoutai-je, je tremble de ce que je vais entendre ; & je vous prie néanmoins de ne pas tarder à me satisfaire. Il me répondit d'une voix basse, qu'il avoit des choses extrêmement fâcheuses à m'apprendre ; que me voyant obstiné à ne pas faire de réponse à ses lettres, il avoit pris le parti de venir lui même en Irlande pour réveiller ma tendresse en faveur du malheureux Georges, de la triste Rose & de lui-même ; que le ressentiment devoit avoir des bornes dans un cœur aussi bon & aussi religieux que le mien ; qu'en se reconnoissant coupables dans leurs lettres d'avoir manqué à la confiance & à la soumission qu'ils me devoient, ils avoient espéré que je ne m'endurcirois pas jusqu'à leur refuser toute sorte de réponse & de secours ; que ce que je ne voulois pas faire pour eux, je le devois à l'honneur de notre nom & au souvenir de notre Pere ; enfin que si sa présence n'avoit pas plus de force que ses lettres pour m'intéresser au malheur de Georges, à la situation de Rose, & à ses propres peines, il n'y avoit rien dont son désespoir ne le rendît capable plutôt que de retourner en France pour y être le témoin continuel de l'infortune de son frere & de sa sœur, & pour y mener lui-même une vie fort misérable. Dans la consternation où me jetta un début si obscur & si funeste, il eut le temps d'ajouter avant que je fusse en état de l'interrompre, qu'il avoit appris de la fille de Fincer le péril où il se trouvoit exposé en Irlande, & que je devois bien juger que c'étoit par cette raison qu'il étoit arrivé de nuit à

Killerine ; mais que la vie ne lui étoit pas
affez chere pour s'alarmer de ce qui le menaçoit, & que fans être arrêté par fes propres
dangers, c'étoit de mes réfolutions qu'il alloit
faire dépendre toutes les fiennes.

J'eus befoin de me foulager par plufieurs
foupirs pour trouver la force de lui répondre
que tout ce que je venois d'entendre étoit
tout-à-fait nonveau pour moi ; que depuis
mon départ de France je n'avois pas reçu une
feule de fes lettres , ni les moindres lumieres fur fa fituation , & celle de fon frere & de
fa fœur ; que je ne comprenois rien à ce qu'il
appelloit leurs malheurs & fes peines, non plus
qu'à ce qui regardoit la fille de Fincer ; enfin
que je le conjurois de s'expiquer promptement : & pour commencer par guérir la défiance qu'il paroiffoit avoir de mes fentiments,
je l'embraffai de nouveau avec la plus vive
tendreffe, en l'affurant que non-feulement je
n'avois jamais ceffé d'aimer mes chers freres
& ma fœur , mais que j'étois auffi difpofé que
jamais à tout entreprendre pour leur fervice.

Ce témoignage d'affection parut relever un
peu fes efpérances. Il me fit le récit fuivant ,
que le temps n'a pu effacer de ma mémoire :
ce qui n'a pas empêché que je ne l'aie prié
de le mettre par écrit dans des temps plus tranquilles ; de forte que je ne ferai que tranfcrire
ici fes propres termes.

Je me rappelle amérement , me dit il avec un
profond foupir , le temps où j'ai ceffé de fuivre vos confeils , parce que c'eft de là que je
dois compter toutes les peines de ma fœur &
les miennes. Vous ne vous attendez pas que
je vous faffe remonter plus haut que notre
féjour aux Saifons : cependant je ne puis vous

faire entendre toutes les raisons pour lesquelles votre secours nous est nécessaire, sans vous confesser que j'avois commencé à vous déguiser une partie de ma conduite avant notre départ de Paris. Il est vrai que je n'avois point alors de complice, & que tout se passoit encore dans mon cœur. Vous vous souvenez de ce silence & de ces apparences de mélancolie dont vous me faisiez souvent des reproches. Vous étiez bien éloigné d'en pénétrer la cause. Peut-être en accusiez-vous mon inquiétude naturelle & ce dégoût de tout ce que je possédois, dont je vous avois fait la confidence à Killerine. Mais figurez-vous au contraire que mon caractere étoit changé tout-d'un-coup, & que tous les mouvements de mon cœur s'étoient fixés. J'avois conçu une funeste passion qui les réunissoit tous dans son objet. Hélas ! que vous dirai-je ? J'avois vu la plus charmante personne du monde dans une rue voisine de la nôtre, & je m'étois senti plus enflammé qu'on ne le fut jamais.

La douceur que je trouvai dans ces nouveaux sentiments me fit renoncer à toutes les occupations qui ne s'y rapportoient pas. Je cherchois pendant les jours entiers l'occasion de revoir ce que j'aimois. J'étois sans cesse dans la même rue, autour de la même maison où je l'avois vue la premiere fois. Je croyois avoir passé le jour heureusement lorsqu'elle avoit paru à sa fenêtre. Vous n'avez pas oublié l'air distrait que j'apportois le soir au logis, & combien je paroissois occupé de mes rêveries. Ma passion se fortifiant tous les jours, je n'aurois jamais obtenu de moi-même de vous suivre à la campagne, si notre maison eût été assez éloignée de Paris pour m'ôter

l'efpérance d'y retourner plufieurs fois chaque
femaine. Je fis même violence à mon penchant, lorfque vous me fîtes la propofition
d'enlever Rofe à mon frere ; & fi l'attachement
que j'avois pour vous n'eût combattu fortement en votre faveur, j'aurois peut-être ajou-
té à vos chagrins celui de me voir fuir à mon
tour. Je vous fervis néanmoins fidellement ;
& je m'applaudis enfuite d'avoir eu cette déférence pour vous, lorfque j'eus trouvé qu'il
m'étoit facile, comme je l'avois prévu, de retourner prefque tous les jours à la ville. Pour
vous dérober d'abord la connoiffance de mes
démarches, je m'échappois dans le temps que
je vous croyois le plus attaché à l'étude, ou
bien je feignois de fortir pour me promener
dans les campagnes voifines. Je n'étois quelquefois qu'un inftant à Paris, lorfque la fortune me favorifoit affez pour ne me pas faire
attendre plus long-temps le bonheur que j'allois chercher. C'étoit encore le feul plaifir
de voir ce que j'aimois déjà avec la plus parfaite ardeur. Je ne croyois pas même que des
foins fi peu déclarés euffent été remarqués.
Ayant eu néanmoins la curiofité de m'informer dans le voifinage du nom & de la condition
de ma maîtreffe, j'avois appris qu'elle étoit
fille de M. de L. . . . qui avoit été long-temps
employé à diverfes négociations dans les Cours
d'Allemagne , & qu'elle étoit née dans les
voyages de fon pere.

Pendant ce temps-là Georges , que vous me
recommandiez de voir fouvent & d'exhorter à bien vivre avec nous , renouvelloit au
contraire tous fes efforts pour me faire préférer le féjour de Paris à celui des Saifons, &
pour me porter à infpirer les mêmes fentiments.

à Rose. J'écoutois peu ses discours. Il me faisoit des propositions dont je n'examinois pas
même les avantages, persuadé qu'il y entroit
autant de ressentiment contre vous que de zele
pour mes intérêts. Vous me chargeâtes ensuite
de faire le voyage de S. Germain, & je le fis
en effet plusieurs fois ; mais je vous confesserai
qu'au lieu d'y employer plusieurs jours comme
mon absence vous le persuadoit, je revenois
le soir du même jour à Paris, où ma passion,
qui ne me laissoit plus de repos, me faisoit
goûter une douceur extrême à me promener
une partie de la nuit sous les fenêtres de Mademoiselle de L....... J'y formois vingt projets
qui demeuroient le lendemain sans exécution.
Ils tendoient tous à lui déclarer ma tendresse ;
mais si je les goûtois assez le soir pour me former les plus douces espérances pendant toute
la nuit, cent difficultés qui se présentent à
l'esprit d'un étranger m'obligeoient le matin
de les abandonner. J'eus plusieurs fois la pensée
d'ouvrir mon cœur à Georges. Il avoit déjà
ses habitudes à Paris. Il pouvoit me faire
trouver des voies qui eussent mieux satisfait
mon impatience. Mais je ne voulois pas lui
donner cet avantage sur moi ; & par une
bizarrerie fort étrange j'étois comme jaloux
de mon secret.

Je n'ai fait ce détail que pour vous conduire
à une aventure des plus extraordinaires, qui
décida de mon sort, & qui mit Georges en
possession de l'empire qu'il a depuis exercé sur
moi. J'étois allé un jour à Saint Germain,
d'où l'amour me ramena de fort bonne heure
à Paris. Je ne manquai pas de me procurer
avant l'obscurité la seule satisfaction à laquelle
je rapportois tous mes soins, & j'en jouis ce

jour-là plus heureusement que jamais, parce
que Mademoiselle de L........ se fit voir fort
long-temps à sa fenêtre. Je n'avois point encore si bien distingué tous ses charmes. J'a-
chevai de me perdre dans cette dangereuse
considération. C'étoit une de ces physiono-
mies dont la douceur fait le fond, quoique
l'éclat du teint & la finesse des yeux décele du
feu & de l'enjouement ; une taille, un port au-
gré de mes désirs. Toute sa figure & tous ses
mouvements me paroissoient assortis à mon
cœur. Elle n'étoit pas plus âgée que ma sœur ;
mais avec toutes les graces de la plus tendre
jeunesse elle avoit un air de maturité qui me
faisoit juger avantageusement de son esprit
& de sa raison. Je ne sais si ce portrait suffit
pour justifier tout ce que je sentois pour elle ;
mais figurez-vous qu'il n'approche point de ce
que je lui ai connu de graces & de perfections
lorsque je suis parvenu à la voir de près &
à l'entretenir.

Il étoit impossible que promenant ses regards
dans la rue elle ne s'apperçût pas que les
miens étoient tendrement fixés sur elle. Je
me tenois à la porte d'un café qui étoit assez voisin de sa maison. J'y demeurai long-
temps encore après qu'elle se fut retirée ; &
quoique je n'eusse plus d'espérance de la revoir lorsque le jour fut fini, à peine pris-je le
temps d'aller souper pour revenir au même lieu
où j'avois passé de si agréables moments. J'y
étois encore à onze heures. Mon imagination
m'avoit rendu le service que je ne pouvois
plus recevoir des yeux. Cependant je pensois
enfin à me retirer, lorsque je crus appercevoir à la lueur des lanternes plusieurs personnes qui se rendoient l'une après l'autre à la

porte de monſieur de L...... & qui s'introduiſoient ſans bruit dans la maiſon. La curioſité m'en fit approcher. Je remarquai que la porte étoit entr'ouverte, & qu'il y entroit à chaque moment quelque nouveau venu, qui la repouſſoit doucement ſans la fermer tout-à-fait. J'en avois déjà compté dix-neuf ou vingt. Ils étoient tous en habit noir ; mais la Cour de France étoit alors en deuil, & j'étois moi-même vêtu de cette couleur. Leur air d'ailleurs & la propreté de leur ajuſtement ne me permettoient pas de ſoupçonner leur caractere & leurs intentions. Enfin, voyant que cette proceſſion ne finiſſoit pas, il me vint à l'eſprit de ſuivre le premier qui ſuccéderoit, & de m'introduire avec lui dans la maiſon. Si c'étoit de la connoiſſance & de l'aveu du maître que cette multitude de gens entroient chez lui, j'eſpérois me ſauver dans la foule, & non-ſeulement ſatisfaire ma curioſité, mais me procurer peut - être l'occaſion de voir mademoiſelle de L........ & le bonheur de lui parler un moment. Si tant d'inconnus étoient conduits par quelque mauvais deſſein, je devois remercier le Ciel qui permettoit que je puſſe être utile à une perſonne ſi chere, & la garantir du danger qui menaçoit peut-être ſa fortune ou ſa vie.

Je ne balançai point après cette réflexion, & me laiſſant précéder ſeulement de cinq ou ſix pas, j'entrai dans la cour avec le premier que je vis arriver. Il n'y avoit pas un ſeul flambeau qui ſervît à éclairer. Mon guide la traverſa, & je le ſuivis à l'entendre plutôt qu'à le voir. Il entra dans le veſtibule, d'où il s'engagea dans une galerie étroite qui aboutiſſoit à un eſcalier. Deux lanternes qui

étoient fufpendues au bas des degrés, car l'efcalier n'étoit que pour defcendre & paroiffoit être celui d'une cave, jettoient affez
de lumiere pour faire difcerner les objets
autour de nous. L'inconnu tourna le vifage
avant que de defcendre, & ne reconnoiffant
pas le mien, il fe contenta de me faluer civilement. Je continuois de le fuivre, quoique la fituation du lieu commençât à m infpirer quelque défiance. J'arrive au bas de l'efcalier, où je fus furpris de me trouver tout-
d'un-coup auffi éclairé qu'en plein jour. C'é-
toit effectivement une cave, qui fe divifoit en
trois allées fouterreines, dont les murs étoient
couverts d'un très-grand nombre de bougies ;
mais fuivant toujours mon guide, j'enfilai
celle du milieu, qui conduifoit à une falle
vafte & bien voutée, où je me vis environ-
né de plus de cinquante perfonnes. La plupart étoient affis, & s'entretenoient à voix
baffe, avec beaucoup de décence & de mo-
deftie. On me falua à mon arrivée. Quoique
mon embarras fût extrême, j'étois trop engagé pour ne pas fouhaiter d'être témoin de la
fin de cette fcene ; & l'air de civilité & d'honneur que je voyois régner dans l'affemblée
devant me défendre de toutes fortes de craintes, je ne balançai pas à prendre place fur la
premiere chaife qui fe trouva proche de moi.
On me regardoit de plufieurs côtés, & je
m'appercevois bien que ma préfence caufoit
de l'étonnement ; mais j'affectai de garder une
contenance libre, réfolu d'attendre du moins
qu'on me témoignât ce qu'on penfoit de ma
hardieffe.

Je fus bientôt délivré de cette contrainte
par l'arrivée de plufieurs Dames qu'un do-

meſtique vint annoncer. On ſe leva pour les
recevoir, ce qui mit un déſordre favorable
pour moi dans l'aſſemblée. Chacun commençant à ſe mêler & à ſe croiſer dans la foule,
je ne doutai pas qu'on ne me perdît bientôt
de vue, & j'attendois avec une vive impatience la vue des Dames, parmi leſquelles j'eſpérois de voir paroître mademoiſelle de L.....
Elle entra effectivement la premiere. Je vous
décrirois foiblement tous ſes charmes & l'a-
gitation de mon cœur. Je n'étois qu'à dix pas
d'elle. Si j'avois ſuivi mon tranſport je me
ſerois jetté à ſes pieds. Elle s'aſſit avec les
Dames qui l'accompagnoient. Tous les hommes demeurerent debout. On garda le ſilence
pendant plus d'un quart-d'heure, que j'em-
ployai à m'enivrer d'amour. Ce n'eſt pas que
je ne fiſſe auſſi quelques réflexions ſur un
ſpectacle auſſi étrange que celui que j'avois
devant les yeux; car je n'avois encore rien remarqué qui pût me faire juger à quoi il pouvoit aboutir; mais ſoit agréable ou tragique,
j'étois ſûr qu'avec la ſatisfaction dont je jouiſ-
ſois, il ne pouvoit avoir que de la douceur
pour moi.

Cependant la ſuite auroit pu m'effrayer ſi
j'euſſe été plus timide. Quatre hommes appor-
terent un grand coffre qu'ils dépoſerent au
milieu de la ſalle. On l'ouvrit pour en tirer
un paquet informe, que je reconuus auſſi-
tôt pour un cadavre, couvert de la derniere
parure des morts. Le ſilence continuoit de
régner dans l'aſſemblée. Je vis paroître au
même moment un cercueil de couleur noire,
dans lequel le cadavre fut enfermé. On le mit
ſans cérémonie au fond d'une foſſe qui étoit
préparée dans un coin de la ſalle même, &

que je n'avois point encore apperçue. Elle
fut remplie de terre fur le champ, avec tant
de propreté & de foin qu'on auroit eu peine
à reconnoître la place. Une exécution de
cette nature devoit me faire naître d'horribles
idées. Mais ne pouvant penfer mal d'une affemblée qui me paroiffoit compofée d'honnêtes gens, & où plufieurs femmes bien nées
avoient affifté volontairement, je conçus une
partie de la vérité, & le refte ne tarda guere
à m'être éclairci. Tous les affiftants fe rangerent pour faire place au milieu d'eux à une
perfonne que j'avois déjà diftinguée à quelques marques d'autorité. Ils paroiffoient fe
difpofer à l'entendre, & lui par conféquent à
faire quelque difcours fur le fujet qui les af-
fembloit, lorfqu'un mot ou deux que quelqu'un lui dit à l'oreille fit changer entiérement
les difpofitions. On ne fit plus que fe communiquer tout bas le même fecret, avec des précautions extrêmes pour m'empêcher de l'entendre, & la compagnie s'étant divifée en pe-
lotons pour s'entretenir ainfi à l'écart, je demeurai feul au milieu de la falle, expofé à
tous les regards. Mademoifelle de L...... m'apperçut & fe remit mes traits. J'étois mieux que
je ne le penfois dans fa mémoire. Elle fut touchée de mon embarras par un motif plus favorable que je n'aurois ofé me l'imaginer, &
prenant la parole avec l'autorité que l'abfence
de fon pere lui donnoit dans fa maifon, elle
déclara que fi le trouble venoit de ma préfence, on pouvoit être tranquille fur fa parole,
parce que fon pere me connoiffoit, & qu'elle
répondoit de moi. Cette bonté, dont l'amour,
beaucoup plus que la crainte, me fit fentir tout
le prix, pénétra mon cœur de tendreffe & de

reconnoiſſance. J'allai vers elle auſſi·tôt d'un
air ouvert. Un clin d'œil acheva de me faire
comprendre la maniere dont je devois me conduire ; & ſoutenant aſſez bien ce rôle, je fis
naitre la tranquillité & la confiance dans l'aſſemblée. Le diſcours fut prononcé : c'étoit
une exhortation chrétienne à profiter de la
mort d'autrui pour bien vivre.

Comme je ne m'étois pas écarté de mademoiſelle de L......... elle trouva le moyen
de me dire ſecretement qu'il falloit qu'elle
m'entretint avant mon départ, & que je pouvois attendre dans les appartements que toute
la compagnie l'eût quittée. Je ne me fis pas
répéter un ordre ſi favorable. A peine eut-
on commencé à ſe retirer, que, prenant le
chemin par lequel j'étois venu, je priai le
premier domeſtique que je rencontrai de m'introduire dans quelque lieu qui ne fût point
expoſé aux yeux des paſſants. Il ne fit pas difficulté de m'ouvrir une ſalle, lorſque je
l'eus aſſuré que c'étoit pour y attendre les
ordres de ſa maitreſſe. J'y éprouvai pendant
un quart-d'heure toutes les impatiences de l'a-
mour. Sans oſer former des conjectures ſur
le motif qui me faiſoit ſouhaiter de l'entretenir,
je me mis dans toutes les ſituations qui m'é-
toient repréſentées par l'eſpérance ou par la
crainte, & je cherchois des termes qui fuſſent
capables de répondre à mes ſentiments. Mais
le trouble que je ſentis en la voyant rendit
toute mon étude inutile. Elle entra dans le
lieu où j'étois, avec une femme âgée, que je
pris pour ſa gouvernante. Eh bien, me dit-elle en entrant ! vous conviendrez que vous
m'avez quelque obligation. Mais je veux
ſavoir ce qui vous amenoit ici, & comment

vous avez fait pour vous y introduire sans être
connu de personne. Je lui racontai naturellement ce que le hazard m'avoit fait remarquer à sa porte, & qu'ayant douté s'il n'y avoit
point quelque chose à craindre pour elle,
l'envie de lui rendre service, aux dépens de
ma vie même s'il eût été néceffaire, m'avoit
fait prendre le parti de fuivre tant de perfonnes que je voyois entrer dans sa maison. Je
vous ai obligation, reprit-elle; mais ce n'est
pas affez. Etes-vous catholique ? Je lui répondis que je l'étois. Il faut donc, interrompit-elle,
que vous foyez affez honnête homme pour ne
pas faire un mauvais ufage de ce que vous
avez vu, & que vous m'en donniez votre
parole.

Vous favez ce que nous fommes. Je lui pro-
teftai que je n'avois rien compris à ce que
j'avois vu, & que j'aurois eu un mortel regret de mon indifcrétion, fi l'honneur qu'elle
me procuroit de lui parler ne m'eût empêché
de m'en repentir; mais que n'ayant rien vu
néanmoins qui ne m'eût paru fage & louable,
je n'aurois pas de violence à me faire pour
garder le filence, outre que fa volonté étoit
une loi que je faifois vœu de refpecter toute
ma vie. Non, me dit-elle; je conçois bien
que vous pourriez vous former d'étranges
idées du fpectacle que vous avez vu, fi je ne
vous apprenois que nous fommes Proteftants
de la confeffion de Luther, & que l'exercice
public de notre religion n'étant pas libre ici,
nous enterrons fecrétement nos morts. Voilà
tout le myftere. Mon pere, qui eft fort zélé
pour fa créance, a fait creufer exprès le caveau d'où vous fortez. Elle ajouta qu'il avoit
été fort heureux pour moi qu'il fût abfent,

I. Partie. F

parce qu'étant d'une humeur violente, il auroit pu se trouver fort offensé de ma hardiesse ;
mais que cette raison devoit me faire avoir
encore plus d'égard à la priere qu'elle me
faisoit de ne les point trahir, parce qu'elle
se trouveroit la premiere exposée à son ressentiment, & que si je lui permettois pour son
propre intérêt de me donner un conseil, je ne
pouvois mieux faire que de chercher à son retour l'occasion de lier promptement connoissance avec lui, pour prévenir les mauvaises
interprétations qu'il pourroit donner à ce qu'elle avoit fait en ma faveur.

S'il m'étoit échappé dans mes réponses
quelques expressions passionnées que mademoiselle de L...... avoit feint de ne pas entendre, j'avoue que la foible opinion que j'ai
toujours eue de moi-même ne me permit pas
non-plus d'entrer tout-d'un-coup dans le sens
de son conseil. Je n'y vis que le rapport
qu'il avoit au sujet de notre entretien, & je
m'engageai aussi-tôt à exécuter toutes ses volontés. Cependant j'étois au désespoir que la
présence de la gouvernante m'empêchât de
lui expliquer mes tendres sentiments, sur-tout
lorsqu'elle m'avertit qu'il étoit assez tard pour
songer à se retirer. Quand retrouver, disois-
je, une si heureuse occasion ? Je mourrai de
regret de l'avoir manquée. Cette réflexion me
fit passer si témérairement sur toutes mes
craintes, que je suivis la premiere pensée que
l'amour m'inspira. Il est juste, Mademoiselle,
repris-je d'un air naturel, après le bon office que vous m'avez rendu, que je vous
apprenne qui je suis, & mon devoir m'y
oblige ; mais j'ai quelques raisons, ajoutai-
je en m'approchant d'elle, qui ne me per-

mettent de m'ouvrir ici qu'à vous. Je continuai alors de lui dire, d'un ton que l'autre ne put entendre, que j'étois le plus fortuné de tous les hommes si je parvenois à lui faire connoître & à lui faire approuver ce qui se passoit depuis deux mois dans mon cœur ; mais que j'en allois être le plus malheureux, si elle ne me permettoit d'emporter cette espérance. Sa rougeur, & la crainte d'être entendu, me firent reculer aussi-tôt ; mais j'ajoutai en me retirant : voilà, Mademoiselle, qui je suis. Vous voyez s'il étoit important pour moi de ne pas m'expliquer avec moins de mesures : c'est à votre bonté que je recommande un si précieux secret. Elle se remit promptement de son embarras, & m'avertissant de nouveau qu'il étoit temps de la quitter, elle me dit avec douceur que mon secret ne couroit aucun risque, mais que m'ayant conseillé de lier connoissance avec son pere, il auroit peut-être été mieux que je l'eusse réservé pour lui.. Jugez avec quels sentiments de joie je reçus cette réponse. S'il fallut les modérer un moment, ce fut pour m'y livrer avec transport aussi-tôt que je fus sorti. En effet, quel excès de bonheur ! Un étranger, sans liaison & sans appui, se trouver favorisé tout-d'un coup dans ses plus chers désirs ; aimer la plus charmante personne de Paris ; voir sa fortune au comble par l'espérance de plaire ; n'y découvrir que des sujets d'admiration & d'amour ; car je ne vous ai pas décrit la moitié de ses charmes, je ne vous ai dit que ce qui m'avoit frappé dans l'éloignement ; mais figurez-vous.....

J'interrompis Patrice au milieu de cette effusion de cœur. Je conçois, lui dis-je, que

la connoiſſance de votre amour peut être néceſſaire à l'éclairciſſement de vos affaires ; mais
vous devriez vous épargner ces détails paſſion-
nés , qui ne m'apprennent rien que je ne puiſſe ſuppoſer , & que ma profeſſion ne me permet pas d'entendre ſans quelqu'embarras.
Comptez que je n'ai pas beſoin d'autres motifs que mon affection pour m'intéreſſer à vos
plaiſirs & à vos peines. Ce diſcours l'affligea.
Il me conjura , en m'embraſſant , de ne le pas
priver de la ſeule conſolation qui lui reſtoit.
Je vous ouvre mon cœur, me dit-il ; vous
devez tout entendre. Si vous voulez connoître mes maux , pourquoi n'en connoîtriez-
vous pas la ſource ? Hélas ! il ne me reſte
rien de tout le bonheur & de tous les biens que
je vous vante. Apprenez du moins toutes les
raiſons que j'ai de les regretter.

Il continua ſon récit. Figurez-vous donc
mille charmes que je n'acheve pas de décrire ,
mais dont vous jugerez beaucoup mieux par
l'impreſſion qu'ils ont faite ſur mon cœur.
J'avois trop de joie pour la contenir toute en-
tiere. Dès le lendemain je ſentis qu'un amant
ne peut ſe paſſer du ſecours d'un ami , ſoit
pour applaudir à ſon bonheur , ſoit pour l'aider à tous moments de ſes conſeils. J'en éprou-
vois déjà la néceſſité , par l'incertitude ou j'é-
tois ſur la nouvelle conduite que je devois tenir dans mon amour. Falloit-il voir mademoiſelle de L....... chez elle , ou différer juſqu'au retour de ſon pere ? lui écrire dans cet
intervalle , ou continuer de me préſenter devant ſa maiſon avec le même reſpect & le
même ſilence ? Il ne faut point d'art ni d'é-
tude pour ſavoir aimer ; mais je ne ſentois
déjà que trop qu'on en a beſoin continuelle-

ment pour régler une paffion violente , quand
on veut fe contenir dans les bornes de la bienféance & de l'honneur. Cette penfée m'auroit peut-être porté à ne pas prendre d'autre
confident que vous , fi je n'euffe redouté la
févérité de vos principes. Il ne me reftoit à
choifir qu'entre M. des Peffes & mon frere.
J'eus quelque défiance de la fidélité du premier , à caufe de l'attachement extraordinaire
qu'il marquoit pour vous ; & je confidérai
d'ailleurs que , pour lier connoiffance avec
M. de L.... & pour d'autres événements qui
pourroient naître , je tirerois toujours plus d'a-
vantage & d'honneur de l'entremife de mon
frere.

Je me hâtai donc de le voir. Il reçut ma
confidence avec les marques d'une vive fatisfaction. Je fuis ravi , me dit-il , que vous
commenciez à fonger à vous. Ne doutez pas
que je ne vous aide de tout mon pouvoir. Si
mademoifelle de L..... eft telle que vous le
dites , difpofée comme vous vous en flat-
tez , je ne confidere pas feulement votre entreprife comme une épreuve de cœur qui fervira à vous rendre plus galant homme , mais
comme un acheminement même à quelque
chofe de folide. Eft-elle riche , ajouta-t-il ? Je
ne pouvois fatisfaire à cette queftion ; mais
l'air de propreté & d'abondance que j'avois
vu régner dans fa maifon m'avoit fait bien
juger de fa fortune. Il fuffit , me dit Georges.
L'ambition d'un cadet d'Irlande doit avoir des
bornes. Il feroit à fouhaiter feulement qu'elle
fût de la même Religion. que nous. Mais
comme elle peut changer , l'effentiel eft qu'elle
foit affez aimable pour fatisfaire votre cœur,
& affez riche pour former un établiffe-

ment. Il me promit là-deſſus qu'avant la fin
du jour il ſeroit en état de m'aider de ſa perſonne ou de ſes conſeils. Nous convînmes que
pendant qu'il alloit s'employer pour moi ,
je retournerois aux Saiſons ; & que dans la
crainte de vous trouver oppoſé à nos projets ,
je prendrois d'avance toutes ſortes de précautions pour vous les cacher. J'allai vous rendre
compte effectivement de mon voyage de Saint
Germain , & vers le ſoir je retournai à Paris
ſous un autre prétexte.

Georges étoit déjà fort avancé. Vous allez
diſtinguer , me dit-il en me voyant paroître ,
qui vous eſt le plus affectionné du Doyen ou
de moi. Je vous réponds du ſuccès de votre
amour & de l'établiſſement de votre fortune.
En effet , comme vous le connoiſſez hardi &
entreprenant , il avoit plus fait dans un après-
midi que je n'aurois attendu de mes propres
ſoins dans l'eſpace de pluſieurs ſemaines. Il
me raconta que , ſous le prétexte d'acheter
quelques bijoux chez un marchand dont la
maiſon touchoit à celle de M. de L...., il s'é-
toit informé adroitement de ſes affaires & de
ſes habitudes ; & qu'ayant appris , entre pluſieurs circonſtances , que la gouvernante qu'il
avoit mis auprès de ſa fille depuis la mort de
ſon épouſe étoit une vieille dame Irlandoi-
ſe , il avoit conçu auſſi-tôt un autre deſſein
dont le ſuccès m'alloit combler de joie. Il
étoit allé demander cette dame , après avoir
appris ſon nom. Il s'étoit fait connoître d'elle
par le nôtre , pour lequel elle avoit marqué
beaucoup de conſidération ; & faiſant valoir
enſuite l'inclination que des perſonnes du même pays doivent avoir à s'obliger , il l'avoit
priée avec confiance de lui apprendre , pour

quelques raifons qu'il ne tarderoit point à lui
expliquer, ce que c'étoit que M. de L.... &
fa fille. Elle lui avoit parlé fort honorablement de l'un & de l'autre ; fur quoi Georges
lui avoit dit que ce témoignage le guériffoit
d'une mortelle inquiétude ; qu'ayant un frere
plus jeune que lui qui avoit conçu une paffion extrême pour mademoifelle de L...., &
qui paroiffoit réfolu de lui facrifier toute autre propofition d'établiffement, il avoit appréhendé qu'il n'eût mal tourné fes vues & fes
efpérances ; mais que, loin de le condamner
après ce qu'il venoit d'entendre, il la prioit de
le favorifer dans l'occafion, & de lui rendre
auprès de fa maîtreffe tous les bons offices
qui dépendroient d'elle. Il lui avoit offert enfuite un diamant de quelque prix, qu'elle n'a-
voit pas fait difficulté d'accepter, & qui avoit
contribué peut-être autant que notre pays &
notre nom à lui faire déclarer le fecret de mademoifelle de L..... Elle avoit affuré mon
frere que fi j'étois, comme elle n'en pouvoit
douter, le même jeune homme qui avoit cher-
ché fi affidument depuis environ deux mois
les regards de Mademoifelle de L...., je devois être fort content de mon fort ; que ma figure & la conftance de mes foins avoient fait
fur elle une impreffion furprenante, & qui ne
feroit fans doute qu'augmenter lorfqu'elle
apprendroit ma naiffance. Georges ajouta qu'il
l'avoit preffée de me procurer la fatisfaction
de voir ma maîtreffe, & qu'il l'avoit trouvée
intraitable fur ce point. Je vous fervirai, lui
avoit-elle dit, mais je ne trahirai point la confiance de M. de L..... Elle avoit eu même
la difcrétion de lui cacher l'aventure du jour
précédent, dont le difcours qu'il lui avoit te-

nu ne pouvoit faire soupçonner qu'il fût informé ; & elle lui avoit conseillé de prendre
les voyes d'honneur, en s'autorisant de la connoissance du pere, qui devoit être à Paris
quelques jours après. Cependant elle n'avoit
pu rejetter une autre proposition, qui étoit
celle de lui accorder à lui-même la liberté
de saluer mademoiselle de L.... Elle avoit
pris un moment pour la disposer à cette visite ;
& les explications imprévues qu'elle lui portoit l'avoient fait consentir à la recevoir. Enfin
Georges s'étendant sur les qualités charmantes qu'il avoit reconnues dans mademoiselle
de L...., & sur les tendres aveux qu'il avoit
tirés d'elle en ma faveur, acheva de m'en-
flammer à un degré inexprimable, & me rendit véritablement le plus passionné de tous
les hommes.

Vous ai-je bien servi, me dit-il ensuite, &
me croyez-vous votre ami ? A peine pouvois-
je trouver des termes pour lui exprimer ma
reconnoissance. Comptez, reprit-il, que je
me charge de même de vous ménager la connoissance & l'amitié de M. de L..... ; & je
ne vois rien de toutes parts qui ne m'annon-
ce une fin aussi heureuse que vous la souhai-
tez. Mais, continua-t-il après avoir rêvé
quelques moments, êtes-vous si occupé de vos
propres intérêts que vous abandonniez entiérement ceux de la pauvre Rose ? Où en est
son mariage avec des Pesses ? Consentirez-
vous à cette infamie ? Les caprices du Doyen
ruineront-ils la fortune d'une si aimable fille ?
Il faut absolument la délivrer de ses mains.
Voyez si vous voulez contribuer à lui rendre
ce service ? Un discours si peu attendu me causa le dernier embarras. Je demeurai rêveur à

mon tour ; mais il me pressa instamment de répondre.

Il est certain que je frémis d'abord à cette proposition, & que toutes mes réflexions tombant sur vous, je ne pus supporter la pensée de vous causer un aussi mortel chagrin que celui de vous enlever de nouveau ma sœur. Ce n'est pas pour vous faire valoir mes sentiments que je vous fais cette protestation. Ma seule vue est d'être sincere dans mon récit. Je ne prétends pas non plus rejetter sur Georges tout ce que vous avez pu trouver d'odieux dans nos dernieres résolutions. Vous devez le connoître comme moi. Il est droit & généreux ; & je lui dois cette justice, que si le ressentiment de l'injure qu'il croyoit avoir reçue de vous l'a fait aller trop loin, il n'a pas laissé de conserver pour vous les sentiments d'un frere, & de penser même à vos intérêts. Mais enfin je suis le moins coupable, & je trouve de la douceur à vous le dire ; car le Ciel m'est témoin de l'attachement sincere que j'ai pour vous, & du tourment que m'ont causé toutes vos peines. Nous le ferons mourir de chagrin, ai-je dit cent fois à Georges ; il nous aime avec la derniere tendresse, & notre ingratitude lui perce le cœur.

J'interrompis de nouveau Patrice, & pressé de mon affection, qui étoit renouvellée par ces témoignages de la sienne ; oui, cher frere, lui dis-je en l'embrassant, je sais que votre cœur est tel que vous le dites ; qu'il n'y a rien de bon & de vertueux qu'il ne soit disposé à goûter, & qu'il n'est point capable de renoncer volontairement au devoir. Je commence à comprendre ce qui vous a éloigné de moi. C'est une passion à laquelle vous avez laissé prendre trop d'empire. Vous vous êtes flatté d'y trouver votre repos. Le Ciel ne l'a pas permis, j'en suis sûr. Quelques moments d'une joie frivole & sujette à mille altérations ne composent pas le bonheur après lequel votre cœur soupire. Il est fait pour un autre amour, & pour une félicité plus parfaite. Tôt ou tard il en obtiendra la connoissance & le goût. Eh ! que ne puis-je en avancer le moment aux dépens d'une partie de la mienne ! Mais continuez votre récit, que j'interromps trop long-temps.

Il reprit ainsi. En vain représentai-je à Georges la répugnance que j'avois à vous chagriner. Sa réponse fut que vous n'aviez pas eu tant d'attention pour lui lorsque lui enlevant ma sœur à l'hôtel de Carnavalet, vous l'aviez laissé pendant vingt-quatre heures dans une inquiétude qui n'avoit guere paru vous toucher ; que ses vues d'ailleurs ne tendant qu'au bien de Rose & à l'honneur de notre famille, vous seriez contraint d'approuver quelque jour ce qu'il vouloit faire pour elle ; que je serois toujours témoin de ses démarches ; & qu'il vouloit commencer sur le champ à me faire une confidence qui me feroit entrer tout-à-fait dans ses sentiments. J'ai lié, me dit-il, une étroite amitié avec Mylord Linch, jeune Seigneur Irlandois, dont vous connoissez le nom. Il est riche & maître de lui-même. Je suis persuadé qu'il ne verroit pas Rose sans prendre de l'inclination pour elle. Nous aurons soin qu'il n'arrive rien qui puisse nous être reproché. Je vous confesserai même, ajouta-t-il, que le portrait que je lui ai fait d'elle lui a fait naître une pressante envie de la voir, & qu'il m'en parle incessamment. C'est

à vous à faire votre devoir aux Saiſons , en
tâchant de faire goûter mon projet à ma ſœur ,
ou ſi quelque difficulté vous arrête , ména-
gez-moi du moins le moyen de l'entretenir
ſans la participation de des Peſſes & du Doyen.

J'embraſſai avidement ce dernier parti, qui
me délivroit d'un emploi que je n'aurois pas
accepté volontiers. La nuit étant le ſeul temps
que je pouvois choiſir pour l'introduire ſecret-
tement aux Saiſons , nous convînmes qu'il
s'y rendroit dès le lendemain au ſoir , & que
je préviendrois Roſe ſur cette viſite. Je le
laiſſai auſſi content de cette promeſſe que je
l'étois des heureuſes nouvelles qu'il m'avoit
rapportées ; & comme il reſtoit encore aſſez
de jour pour me faire eſpérer de voir mademoiſelle de L...... je me rendis dans ſa rue ,
où je demeurai quelque temps ſans l'appercevoir à ſa fenêtre. Elle y étoit néanmoins ,
mais cachée derriere le rideau. Ce ne fut
qu'après avoir paſſé près d'un quart-d'heure
à la porte du café , que je crus la découvrir
par une ouverture qu'elle fit au rideau en ſe
remuant ſans précaution. La crainte de luî
déplaire , lorſqu'elle paroiſſoit ſouhaiter
de n'être pas apperçue , m'empêcha de la ſa-
luer : mais je conçus qu'étant favoriſée du
jour , elle pouvoit de-là m'examiner fort ai-
ſément. J'avois peine à modérer mes tranſ-
ports , qui étoient continuellement prêts à
me trahir. Enfin levant le rideau , elle ſe laiſ-
ſa voir à découvert , & je luî fis connoître
auſſi-tôt par une révérence fort animée l'impatience avec laquelle j'avois attendu cet heureux moment. Elle me ſalua civilement , mais
ſans aucune marque d'intelligence. Elle affecta
enſuite de tourner les yeux d'un autre côté ,

tandis que les miens étoient conftamment atta-
chés fur elle. Je ne fais quelles étoient fes pen-
fées : mais fon cœur qui étoit fi heureufement
prévenu pour moi, ne fouffrit pas long-temps
qu'elle lui fit cette violence & à moi cette injuftice. Il me ramena peu-à-peu fes regards,
qui fe rencontrerent enfin avec les miens. Nous
rougîmes tous deux, en cherchant dans les
yeux l'un de l'autre toute la tendreffe que nous
étions charmés d'y trouver. Je m'oubliois dans
cette délicieufe contemplation. Je m'égarois
dans mille fentiments qui m'étoient encore inconnus. Je goûtois plus de plaifirs que je n'a-
vois jamais eu d'idées, lorfqu'un domeftique
de la maifon venant par hazard à fortir, la porte demeura ouverte. Auffi-tôt perdant de vue
tout obftacle, & comme entraîné par le charme qui agiffoit fur tous mes fens, je traverfe la
rue, & j'entrai dans la cour. Je ferois mon-
té de même à l'appartement, fi je n'euffe rencontré un autre valet qui me demanda ce que
je défirois. Je demeurai fans réponfe. Cependant un inftant me fit revenir à moi, & crai-
gnant qu'après ce qu'on m'avoit recommandé la
veille, & ce qu'on avoit confirmé le même jour
à mon frere, on ne fût offenfé de ma hardieffe,
je pris le parti, pour couvrir cette indifcrétion,
de demander feulement madame Gerald. C'é-
toit le nom de la vieille Dame Irlandoife que
Georges avoit mis dans mes intérêts.

On m'introduifit dans une falle, où elle
ne tarda point à paroître. Je la reconnus pour
la même Dame qui étoit la veille avec mademoifelle de. L...... Elle la quittoit au même moment, de forte que m'ayant vu traverfer la rue & venir droit à la maifon, elle
n'avoit pu douter que ce ne fût moi qui la

faifois appeller. J'ouvrois la bouche pour commencer par des excufes, & pour lui apprendre enfuite que j'étois le frere de Mylord C.... à qui elle avoit promis de favorifer mes fentiments ; mais elle me fit connoître en me prévenant, qu'elle n'avoit pas befoin de cette inftruction. Vous êtes un imprudent, me dit-elle, de paroître ici avant le retour de M. de L...., & je venois pour vous en faire des reproches. Mais je me fens fi bien difpofée pour vous, que je n'en ai pas la force. Affeyez-vous, continua-t-elle ; je veux vous expliquer ce que nous penfons ici, ce que vous avez à prétendre, & de quelle maniere vous devez vous conduire.

Nous nous afsîmes. Elle baiffa la voix, & fans me laiffer le temps de la remercier : vous favez, me dit-elle, que M. de L.... & fa fille font Luthériens, & vous êtes furpris fans doute de voir chez eux une Irlandoife catholique. J'étois parente de feue madame de L...., qui me prit avec elle pour faire le voyage d'Allemagne, où fon mari étoit envoyé de la Cour. Nous y paffâmes plufieurs années, pendant lefquelles elle mit fa fille au monde. Une curiofité dangereufe ayant porté M. de L.... à s'inftruire de la religion du pays, il y prit tant de goût qu'il l'embraffa, & par un effet du même zele, il employa tant d'efforts & d'adreffe pour gagner l'efprit de fon époufe, qu'il la rendit auffi Luthérienne. Leur fille fut élevée par conféquent dans les mêmes principes. On n'épargna rien pour me les infpirer, mais le fecours du Ciel m'a foutenue contre toutes fortes de féductions. Je ne laiffois pas de vivre chez eux avec la même amitié & dans la même union, sans me croire en droit de raisonner sur la conduite d'autrui ; & monsieur l'Envoyé même, qui connoissoit mon caractere tranquille & mon attachement pour sa maison, ne perdit rien de la confiance qu'il avoit toujours eue pour moi. Quelque temps après il fut rappellé par la Cour, qui, malgré toutes les precautions qu'il avoit gardées, eut quelque soupçon de son changement. Il auroit volontiers renoncé à sa patrie pour fixer son séjour & son établissement en Allemagne ; mais les biens considérables qu'il avoit en France l'obligerent d'y revenir avec sa famille ; & persistant dans ses idées de Religion, il entreprit, pour se dédommager de la contrainte à laquelle il étoit forcé par les Edits du Roi, de rendre tous les bons offices du zele & de la charité au petit nombre de Luthériens qui sont à Paris. C'est ainsi qu'il est devenu comme leur pere commun, & qu'il est parvenu à faire une espece de temple & de cimetiere de sa maison.

La mort lui enleva son épouse il y a deux ans. Elle n'étoit point attachée à ses opinions d'une maniere si ferme que l'approche de l'éternité ne lui causât de vives alarmes. Ce fut dans ces moments d'agitations qu'elle m'ouvrit son cœur, avec des marques d'inquiétude qui me firent connoitre que sa tendresse pour son époux avoit été le principal motif de son changement. Je la pressai de se réconcilier avec l'Eglise, & je lui procurai secrettement le secours d'un Ecclésiastique, qui rendit enfin la paix à sa conscience. Il l'obligea de déclarer à sa fille dans quels sentiments elle mouroit, & de l'exhorter à profiter de son exemple.

Quoique ces derniers conseils d'une mere mourante n'eussent pas fait sur mademoiselle de L..... toute l'impression que j'eusse desiré, j'augurai bien de ses dispositions, lorsque je la vis supplier son pere de me laisser auprès d'elle. Il l'aimoit trop, & il étoit trop satisfait de ma conduite pour lui refuser cette faveur. Je lui ai tenu lieu de mere depuis qu'elle a perdu la sienne. Sa confiance & son amitié pour moi n'ayant point de bornes, elle n'a point eu depuis deux ans de pensées ni de sentiments qu'elle ne m'ait communiqués. Tous mes soins n'ont tendu qu'à la détacher insensiblement de sa religion, tantôt en lui rappellant les derniers discours de sa mere, tantôt en lui proposant des objections & des doutes, suivant la mesure de mes propres lumieres : mais la crainte de me rendre suspecte par un zele trop ardent, & surtout les ménagements que j'ai à garder avec son pere, m'ont toujours fait modérer mes exhortations & mes conseils. Je seme ; c'est au Ciel à bénir mes efforts, en me faisant recueillir un jour les heureux fruits que j'en espere.

Enfin, ajouta madame Gerald, comme il est rare que je sois éloignée d'elle, il y a environ deux mois que nous vous apperçûmes de nos fenêtres, & que nous remarquâmes avec quelle admiration vous jettiez les yeux vers nous. Je ne doutai point que ce ne fût l'effet des charmes de mon eleve, & je lui en fis la guerre en badinant. Elle convint que votre attention ne lui déplaisoit pas, & que votre air lui revenoit beaucoup. Je ne lui avois jamais inspiré ces farouches maximes qui font craindre à une fille la vue

d'un homme aimable , & qui augmentent le
péril en apprenant trop à s'en défier. Il faut
tôt ou tard que le cœur aime quelque chose , & ce n'est pas un penchant si invincible
que la sagesse est obligée de combattre. Mais
il faut qu'elle l'éclaire , pour ne lui pas laisser prendre un cours aveugle , & qu'elle son-
ge en même-temps à se fortifier assez pour
l'arrêter toujours à ses justes bornes. J'ai ac-
coutumé mademoiselle de L.... par ces principes , non-seulement à ne pas se faire une
peine des mouvements indélibérés de son cœur,
mais à ne jamais s'y livrer témérairement ,
& je fais plus de fond sur cette sorte de vertu que sur toutes les grimaces affectées auxquelles notre sexe en donne le nom. Elle
convint donc que vous lui plaisiez , & je
n'eus pas d'autre objection à lui faire que
l'imprudence qu'il y auroit à prendre du goût
pour un inconnu. Vous continuâtes de venir
réguliérement au Café voisin , ou vis-à-vis
de nos fenêtres. On ne perdoit point une
seule fois l'occasion de vous voir , quoiqu'on
ne se montrât pas toujours à vous. On vous tenoit compte de tous vos soins,& je vous avoue
qu'après avoir considéré qu'un amour aussi
timide & aussi respectueux que le vôtre devoit venir d'une autre source que de la légéreté
ou le libertinage , je me sentis fort portée à
souhaiter que vous fussiez de la naissance &
du caractere que les dehors annonçoient. J'a-
vois même de l'embarras à répondre à mon
éleve , lorsqu'elle me consultoit sur le progrès de ses sentiments. Attendez , lui disois-
je ; le temps nous fera connoître s'il est digne
de vous. Il cherchera tôt ou tard à s'expliquer. Mais demeurez toujours maîtresse de

votre cœur. Elle m'affuroit que fon inclination fuppofant que vous étiez tel qu'elle fe
l'imaginoit , elle n'auroit pas de peine à la
vaincre , fi le fond répondoit mal aux apparences ; mais qu'elle auroit un mortel regret
de s'être trompée ; & elle confeffoit que vous
lui paroiffiez fait pour la rendre heureufe.

O Dieux ! m'écriai-je en interrompant madame Gerald , ai je pu ignorer fi long-temps
mon bonheur ! Permettez donc que je la voie
& que j'aille mourir de joie & de reconnoiffance à fes pieds. Non , reprit-elle ; c'eft une
chofe réfolue : vous ne lui parlerez que du
confentement de fon pere. Mais écoutez ce
qui doit foutenir cette efpérance. Depuis
qu'elle vous a entretenu , & que j'ai parlé
moi-même à votre frere , nous fommes réfolus de faire pour vous tout ce qui pourra
contribuer à vous rendre M. de L..... favorable. Il aime paffionnément fa fille , & il
lui a déclaré mille fois qu'il lui laifferoit la
liberté de fatisfaire fon cœur dans le choix
d'un mari. Quel que foit votre bien , le défaut de richeffes ne fauroit être un obftacle.
Mademoifelle de L..... eft une héritiere qui
peut faire la fortune d'un homme qu'elle aime. Il n'y a que la différence de religion qui
me faffe craindre quelque nuage. Mais nous
avons tout prévu , avec un zele qui vous per-
fuadera que nous nous occupons férieufement
de vos affaires. Lorfque vous vous ferez infinué dans l'amitié de monfieur de L... & qu'a-
vec un peu plus de familiarité , nous reconnoî-
trons mieux encore que vous méritez l'opinion que nous avons de vous , fi nous ne
voyons pas qu'il penche à vous rendre heureux, nous prendrons le parti d'attendre que

fa mort ou l'âge de fa fille nous mette en liberté. Nous vous répondons de votre conftance. Toutes ces réfolutions, ajouta-t-elle,
font prifes aujourd'hui. Vous ne fauriez croire
avec quelle joie nous avons reçu les explications de votre frere. Il m'a offert un diamant,
que j'ai accepté comme un gage de fa bonne
foi & de la vôtre. Hier au foir vous me vîtes
embarraffée ; & quoique le confeil que vous
donna mademoifelle de L...... de lier connoiffance avec fon pere fût venu de moi,
je regrettois fa derniere réponfe, qui m'avoit
paru trop flatteufe pour un inconnu. Mais aujourd'hui je ne donne plus de bornes à vos
efpérances, ni à la paffion que j'ai de vous
rendre fervice.

Ah ! lui dis-je, en baifant fes mains, vous
faites plus pour mon bonheur que je ne puis
attendre de tout le pouvoir des hommes &
de la fortune. Mais croyez-vous que je puiffe
vivre fi vous ne m'accordez à ce moment
le plaifir de voir mademoifelle de L......, de
lui parler, de lui dire mille fois que je l'adore,
de lui abandonner ma vie & ma deftinée... Elle me protefta de nouveau que c'étoit une
priere inutile ; qu'on ne me défendoit pas de
venir, fuivant ma coutume, au café voifin, &
qu'on ne me défefpéreroit pas par des rigueurs
contrefaites ; mais que ne voulant rien avoir
à fe reprocher, on attendroit abfolument le
retour de monfieur de L....., à qui l'on fouhaitoit que je puffe faire agréer promptement mes
vifites. Dans le chagrin de me voir comme
arracher un plaifir auquel j'avois cru toucher,
& pour lequel le tranfport où j'étois m'auroit fait facrifier un Empire, il me vint à l'efprit que madame Gerald, qui avoit reçu le

diamant de mon frere, pourroit bien être fenfible encore à quelque liberalité de cette nature ; & rien ne fe préfentant plutôt à ma mémoire que ma portion de nos trente mille livres, je lui dis, fans rien examiner, que fi ma
qualité de cadet ne m'avoit pas fait tomber
les bijoux en partage, je ne laiffois pas d'a-
voir environ mille piftoles d'argent comptant ; que c'étoit tout ce que j'avois apporté
d'Irlande, & que cette fomme étoit à elle
fi elle me procuroit la fatisfaction que je lui
demandois & qu'elle pouvoit m'accorder.
Quelque imprudence qu'il y eût dans cette
offre, elle étoit propofée du fond du cœur.
Je ne fais ce qu'elle parut à madame Gerald ; mais elle dut paroître fincere, puifqu'elle en fut fi touchée, que, me quittant
fans répondre, elle monta auffi-tôt à l'appartement de mademoifelle de L......, d'où elle
revint au bout de quatre minutes, avec l'heureufe permiffion de m'y conduire. Venez,
me dit-elle en me prenant par la main, vous
êtes un amant d'un caractere tout nouveau,
& qui méritez bien qu'on fe relâche de quelque chofe pour vous empêcher de mourir ou
de vous ruiner. Cependant elle exigea en mon-
tant l'efcalier que je promiffe avec ferment
de ne pas lui demander deux fois la même faveur jufqu'au retour de M. de L....

Je lui aurois promis ma vie, & tout ce qui
ne pouvoit m'ôter le plaifir dont j'allois
jouir. Je jure, lui dis-je, de vous obéir éternellement. Et voyant mademoifelle de L....,
qui étoit debout à nous attendre, je me jettai
à genoux comme j'aurois fait à l'entrée d'un
temple: Je n'aurois pas quitté cette pofture,
fi elle ne m'eût ordonné abfolument de m'af-

seoir. Nous commençâmes un entretien où la passion n'eut point d'autres bornes que l'honneur & la modestie. Mais je vous épargne des circonstances que la sévérité de vos maximes ne vous laisse point entendre volontiers. Je passai avec mademoiselle de L.... deux heures, qui ne furent qu'un continuel transport, & j'emportai en la quittant de quoi être heureux pendant des siecles entiers, du seul souvenir de tant d'amour & de plaisir.

Il étoit trop tard pour aller faire part de mon bonheur à Georges. Je ne pensai qu'à gagner les Saisons, où plein de ma joie, qui me faisoit paroître rêveur & distrait, j'eus le plaisir de vous voir attribuer à mon humeur mélancolique les plus délicieuses méditations qui puissent occuper un amant. Rose fut la seule à qui je crus pouvoir découvrir mon secret, autant pour flatter mon propre cœur par cette confidence, que pour la préparer à la visite de mon frere. Je passai une partie de la nuit à lui peindre les charmes de mademoiselle de L..... & je lui fis naître une envie pressante de s'en faire une amie. Comme elle m'avoit déjà confié l'état de son cœur, & que je lui connoissois pour M. des Pesses des sentiments tout différents de ceux que je lui avois cru en Irlande, rien ne m'empêchoit de lui déclarer d'avance que le dessein de Georges étoit de lui procurer un amant. Elle me répondit qu'elle ne s'engageroit à rien sans votre participation. Vous êtes plus sage que moi, lui dis-je ; mais je vous laisse vos affaires à démêler avec Georges, qui sera ici demain au soir, & qui veut y être secretement. Nous prîmes des mesures pour l'introduire dans ma chambre, où elle consentit à se rendre lorsque tout le monde feroit retiré. Je la laiffai déterminée à ne rien entreprendre fans vous confulter, & je ne combattis point cette réfolution ; mais, pour continuer d'être fincere, l'intérêt qu'elle m'avoit paru prendre au récit de mon amour me fit juger qu'elle ne feroit pas toujours fans goût pour les mêmes plaifirs, & que Mylord Linch ne feroit pas rebuté s'il avoit affez de mérite pour lui plaire.

Je me dérobai le lendemain pour retourner à la fource de ma joie & de mon repos. Si j'obfervai fidellement la loi que madame Gerald m'avoit impofée, je fus récompenfé de cette foumiffion par d'autres complaifances qui fatisfirent ma tendreffe. Je rendis compte enfuite à mon frere de toutes les circonftances qu'il ignoroit, & de la difpofition où Rofe étoit de le voir la nuit fuivante. Il me promit d'être à minuit aux Saifons, & il me recommanda d'avance de faire naître quelque prétexte pour aller le jour d'après à Saint Germain, parce qu'il avoit formé de nouvelles vues qu'il remettoit alors à m'expliquer.

A l'heure marquée, rien ne me fut fi facile que de l'introduire dans ma chambre. Ma fœur s'impatientoit à l'attendre, & toute la maifon étoit déjà dans un profond fommeil. Vous vous imaginez quel put être le fujet de leur entretien. Georges employa tout fon efprit pour donner un tour infinuant à fes offres & à fes prieres. Il ne propofa pas d'abord ouvertement de quitter les Saifons ; mais après avoir parlé de Mylord Linch comme d'une conquête certaine, & relevé l'avantage qu'il y auroit pour ma fœur à l'époufer, il lui repréfenta qu'une affaire fi importante ne pouvoit être ménagée qu'à Paris ; qu'il étoit question de s'assurer une fortune, un rang, un titre , & que ces favorables occasions ne renaissent pas toujours ; qu'ayant vécu quelque temps seul avec lui, elle avoit dû rendre plus de justice que vous à l'innocence de ses vues & de sa conduite, & ne pas donner si légérement dans vos fausses alarmes ; qu'il conviendroit toujours que vous étiez plus capable que personne de faire d'elle une Religieuse & une Sainte ; mais que si elle n'étoit pas résolue de s'ensevelir dans un cloître , elle n'avoit point d'autre parti à prendre que de se produire dans le monde , & de faire valoir ses qualités naturelles , qui étoient désormais son unique ressource ; que j'avois reconnu moi-même le tort que nous avions eu de nous rendre esclaves de vos conseils , & que je commençois à me trouver bien de leur avoir préféré les siens. Enfin il joignit à ces raisons les instances les plus tendres & les plus pressantes. Je croyois Rose vaincue. Cependant elle eut la force de se défendre ; & refusant constamment de vous quitter , elle consentit seulement à recevoir la visite de Mylord Linch quand nous pourrions l'amener aux Saisons avec bienséance.

Mon frere parut satisfait de ce qu'il avoit obtenu. Nous allâmes à Saint Germain le jour suivant. On y avoit déjà quelque connoissance de nos querelles domestiques, & le dessein de Georges étoit de faire tomber par notre présence un bruit dont l'effet ne pouvoit nous être avantageux. On ne douta plus de notre bonne intelligence lorsqu'on nous vit paroître ensemble à la Cour ; nous y fûmes reçus favorablement du Roi , & comblés de civilités par nos amis.

Ce fut en raisonnant avec eux sur divers
projets d'établissement & de fortune, que M.
de Sercine, à qui Georges avoit déjà confié le
fond de nos affaires, & qui entroit dans ses
idées sur la nécessité de produire ma sœur à
la Cour, nous offrit de la recevoir dans sa
maison, où elle seroit agréablement avec son
épouse & sa fille. Nous acceptâmes cette proposition avec reconnoissance; & lorsque je
fus seul avec mon frere, je lui demandai
s'il n'espéroit pas que vous pussiez l'approuver vous-même, & prendre cette occasion
pour nous réconcilier sincérement. J'en doute, me dit-il; car quelle espérance de le guérir de ses scrupules, & de le rassurer sur les
dangers du bal, des spectacles & des assemblées? Il demande du temps pour fortifier Rose; mais, dans ses idées, une femme ne sera-
t-elle pas toujours foible? Ne nous exposons
pas, ajouta-t-il, à lui voir renverser de nouveau tous nos projets. Commençons par la
délivrer de ses mains, & par établir sa fortune. Il sera toujours temps de nous réconcilier;
& s'il trouve après cela qu'elle ait encore besoin de ses instructions, nous l'abandonne-
rons à son zele. Je me rendis d'autant plus
aisément à ces spécieuses raisons, que je voyois
en Mylord Linch un empressement extrême
pour la connoître, & que je ne doutois point
qu'il ne pût s'attacher sérieusement à elle après
l'avoir vue. Il me demanda mon amitié,
que je lui promis volontiers en acceptant la
sienne. Il étoit d'un caractere vif & ouvert, mais plus capable de prendre beaucoup
d'amour que d'en inspirer. Connoissant Rose, je concevois que, pour faire la conquête
de son cœur, il eût fallu dans un amant des

qualités plus brillantes, & fur-tout plus d'efprit & de nobleffe de fentiments. Cependant
comme il n'étoit queftion que de fortune, &
que Georges ne lui en avoit pas parlé fur un
autre pied, je me figurai que ce motif pourroit l'accoutumer à le fouffrir comme il l'a-
voit fait confentir à le voir.

Peu de jours après nous ménageâmes fi
heureufement l'occafion, qu'étant venu aux
Saifons avec Georges, il y paffa une partie de
l'après-midi. Quelques affaires vous avoient
obligé de fortir avec M. des Peffes, & j'avois
pris foin la veille d'avertir mon frere de votre deffein. J'examinai curieufement l'impreffion que Linch fit fur ma fœur. Elle fut conforme à mes conjectures; c'eft-à-dire que malgré la paffion qu'il conçut tout-d'un-coup pour
elle, elle n'y vit qu'un homme riche qui pouvoit relever fa fortune. Pour lui, dont j'avois
obfervé de même tous les difcours & les mouvements, il emporta tant d'amour en la quittant que je crus l'établiffement de Rofe auffi
certain que Georges l'avoit prédit. Je fus expofé les jours fuivants à des follicitations con-
tinuelles pour lui procurer de nouveau la fatisfaction de la voir; mais quoique mon frere y
joignît les fiennes, il me fut impoffible d'en
faire renaître l'occafion jufqu'à la maladie de
M. des Peffes.

Cet accident, dont M. des Peffes eut affez
de générofité pour vous cacher la caufe, ne
fut que l'effet de fa jaloufie. Avec quelque
foin que nous euffions gagné nos domefti-
ques, il eut l'adreffe, fur quelques foupçons,
de tirer d'eux affez d'éclairciffements pour découvrir une partie de la vérité. Sa paffion
qui eft montée depuis long-temps à l'excès, le
porta

porta à quelques plaintes, que ma sœur rejetta peut-être avec trop de hauteur, & qui faillirent caufer fa mort en achevant de lui faire perdre l'efpérance. Quoique je fuffe irrité moi-même de fon indifcrétion, l'amitié que j'ai pour lui me fit prier Rofe de le traiter avec plus d'indulgence pendant fa maladie, & elle s'y trouva difpofée volontairement par la bonté de fon naturel. Mais un temps fi favorable ne fut pas négligé par Mylord Linch & mon frere qui étoient fouvent aux Saifons, tandis que votre amour pour l'étude vous retenoit au milieu de vos livres. Ils y demeuroient même une partie de la nuit que nous paffions à fouper, lorfque vous étiez livré au fommeil. Le rétabliffement de M. des Peffes interrompit peu leurs plaifirs, parce que, fur quelques repréfentations que je vous fis goûter, vous le priâtes bientôt de retourner à Paris. Enfin Mylord Linch, abfolument livré à Rofe, nous propofa le deffein où il étoit de partager fa fortune avec elle, & le fit même éclater à Saint Germain, en fuppliant le Roi de l'approuver.

J'avois cru devoir à Georges cette complaifance prefque aveugle, pour reconnoître le zele avec lequel il n'avoit pas ceffé de me fervir. De tant de cœurs contents, le mien étoit le plus heureux, puifqu'avec l'efpérance de la fortune j'avois le plus doux plaifir de l'amour, car il ne fe paffoit pas de jour que je ne fiffe le voyage de Paris, & que je n'y jouiffe librement de la vue ou de l'entretien de mademoifelle de L.... Son pere étoit revenu au temps qu'on l'attendoit. J'avois l'obligation à Georges de m'avoir fait obtenir fon amitié & quelques droits même fur fa reconnoiffance. Com-

I. Partie.   G

me c'étoit un homme dur & violent, qu'il eût été difficile de gagner par les voies ordinaires, mon frere avoit employé un ftratagême innocent, dont le fuccès avoit furpaffé notre attente. Après s'être affuré du jour de fon arrivée, il avoit fait prendre des habits de foldats à deux laquais de Mylord Linch & aux deux fiens, & les ayant armés de piftolets, il les avoit poftés fur le grand chemin, avec ordre d'attaquer brufquement fa chaife. Nous étions à cent pas d'eux, de forte qu'ayant piqué nos chevaux nous arrivâmes à fon fecours lorfqu'il fe croyoit dans le dernier danger. Quelques coups de piftolets tirés en l'air, d'autres marques de réfiftance & de combat lui perfuaderent facilement que nous avions expofé notre vie pour le défendre, & qu'il nous devoit la fienne. Nous le trouvâmes muet & tremblant dans fa voiture. Mais lorfqu'il nous vit maîtres du champ de bataille, il parut vivement touché du fervice qu'il venoit de recevoir. Il nous preffa de lui apprendre le nom de fes libérateurs, il nous déclara le fien; enfin il nous offrit la difpofition de fa fortune & de la vie que nous lui avions confervée. Mon frere lui répondit modeftement, & pour mettre le comble au bienfait, nous le conduifimes jufqu'aux portes de Paris, où, malgré fes inftances, nous refufâmes de lui apprendre notre demeure; mais nous lui promimes de n'être pas long-temps fans le revoir à la fienne.

Sa fille & madame Gerald étoient dans le fecret de notre entreprife. Il ne manqua point de leur faire le récit du danger dont il fortoit, & de leur vanter le fervice que nous lui avions rendu. Madame Gerald, qui, étant Irlandoife,

devoit naturellement connoître notre nom ,
ne l'entendit pas fans en prendre occafion de
faire notre éloge. Elle s'épuifa particuliérement fur le mien ; de forte qu'étant allés chez
lui deux heures après , nous le trouvâmes dans
toute la chaleur de la reconnoiffance & de l'eftime. Il nous préfenta fa fille , en lui recommandant de nous regarder déformais comme
fes meilleurs amis. Il nous fit promettre que
nous ne mettrions plus de diftinction entre
notre maifon & la fienne , & que nous ufe-
rions librement de tout ce qui lui appartenoit.
Je commençai à croire mon bonheur folide-
ment affermi. Mademoifelle de L...... , auffi
charmée que moi du fuccès de notre artifice ,
fe crut tout à-fait autorifée à fe livrer à fa tendreffe. Nous eûmes la liberté de nous voir, le
temps de nous connoître , & mille nouvelles
raifons de nous aimer. Si la prudence ne nous
permettoit pas de faire d'autres propofitions à
fon pere , tout nous portoit du moins à efpérer heureufement de l'avenir. Il eft vrai que
nous gardâmes toujours affez de mefures pour
lui déguifer nos fentiments ; mais c'étoit par
le confeil de Georges même & de madame
Gerald , qui , voyant croître de jour en jour
fon amitié pour moi, s'imaginerent qu'il pourroit fe porter de lui-même à m'offrir fa fille.
J'eus encore plus d'une fois la penfée , dans
un temps où tout m'étoit favorable , & où vous
n'auriez pu condamner mes vues & ma conduite , de vous faire l'ouverture de cette intrigue pour m'autorifer de votre confentement.
Je le propofai à Georges, qui s'obftina à me
le défendre. Il me fit craindre que la différence de religion n'alarmât votre zele , & ne
vous fît traverfer nos projets.

Voilà quelle étoit notre situation lorsque
vous prîtes le parti d'aller à la Cour. Je donnai avis de votre départ à mon frere. Cette
occasion lui parut propre au dessein qu'il en-
tretenoit toujours de vous enlever ma sœur.
Il n'avoit pu lui faire goûter jusqu'alors l'offre
même de la conduire à Saint Germain ; mais
il ne douta pas que ,s'il pouvoit engager monsieur de Sercine à se rendre aux Saisons avec
son épouse & sa fille , la présence & la compagnie de ces deux dames ne missent beaucoup de changement dans ses résolutions. Je
ne vous rappelle point le reste ; vous en
pûtes juger par les circonstances dont vous
fûtes témoin. Je me laissai vaincre à mon tour
par les mêmes instances qui avoient vaincu
ma sœur. A la vérité j'en eus honte , lorsque
vous me fîtes appercevoir votre chagrin.
Mais vous ayant vu prendre un air plus
tranquille aussi-tôt que vous eûtes entendu
monsieur de Sercine, je me figurai que vous
approuviez ses raisons, & que vous nous ver-
riez partir sans regret avec un guide tel que
lui. Je pris même vos reproches pour des conseils , qui regardoient moins le présent que
l'avenir. Si vous ne croyez pas ces excuses
sinceres, j'étois résolu du moins de retourner si souvent aux Saisons pour vous voir ,
que vous auriez à peine eu le temps de vous
appercevoir de mon absence.

Enfin nous nous séparâmes de vous. Il est
impossible que vous ayez supporté notre sé-
paration sans ressentiment , puisqu'elle vous
a fait prendre aussi-tôt le parti de nous abandonner : mais si vous nous croyiez coupables ;
si vous avez souhaité peut-être que le Ciel
renversât nos desseins , & qu'il nous fît sen-

tir par quelque châtiment la légéreté de notre conduite, il ne vous a que trop entendu.
Vous me voyez ici chargé de mes propres
douleurs, & de celles d'un frere & d'une
sœur encore plus malheureux, qui vous de-
mandent des secours qu'ils ne peuvent plus
attendre que de vous. Georges au fond d'un
cachot pour n'en sortir jamais. Rose dans un
cloître, où son penchant ne l'a pas conduite,
& que la nécessité néanmoins doit l'empêcher de quitter aussi long-temps qu'elle aimera
la vertu & l'honneur. Moi dépouillé..... hélas! de tout le bonheur que l'amour m'avoit
promis, car je méprise toutes les autres richesses que je n'aurois pas obtenues avec l'u-
nique bien qui me les faisoit aimer. Mais
pourquoi chercher d'avance à vous attendrir,
lorsque mon récit demande plus que jamais
votre attention.

En quittant les Saisons, nous nous rendi-
mes à Paris, où le projet de Georges étoit de
faire passer quelques jours à ma sœur, pour la
mettre en état de paroître honorablement à la
Cour. M. de Sercine, avec sa famille & Mylord Linch, reprit au soir la route de Saint
Germain. Nous étions logés chez Georges,
qui s'étoit donné nouvellement une maison
propre & commode. Ayant dessein de rendre
ma visite ordinaire à mademoiselle de L.....,
je proposai à ma sœur de satisfaire l'impatience qu'elle m'avoit marquée de la connoître,
& mon frere lui conseilla de m'accompagner,
tandis qu'il alloit s'occuper de quelques autres devoirs. Nous trouvâmes mademoiselle
de L.... seule; & la vue de Rose, que je lui
faisois espérer depuis long-temps, la combla
de plaisir. La vivacité & la joie animerent long-

temps notre entretien. Si j'étois charmé de faire
connoître à ma maîtresse une sœur si aimable, je ne l'étois pas moins de pouvoir justifier aux yeux de Rose tout le mérite qu'elle
m'avoit entendu vanter cent fois dans mademoiselle de L.... Je me fis même une gloire
de la tendresse extrême qu'on avoit pour moi ;
& m'abandonnant à toute la mienne avec cet
air de badinage qui fait le charme d'un amour
innocent, j'obtins de mademoiselle de L....
mille nouveaux témoignages d'affection, dont
il me sembloit aussi qu'elle voulût se faire un
mérite auprès de ma sœur. Jamais deux amants
n'avoient paru si contents l'un de l'autre. Rose
nous reprocha agréablement l'excès de notre
passion.

Nous lui répondîmes du même ton, que
c'étoit cet excès même qui devoit nous servir d'excuse. Elle continua quelque temps de
nous faire la guerre, & nous de nous défendre sans paroître disposés à céder à ses raisons. Mais je crus enfin m'appercevoir que
l'enjouement qu'elle affectoit étoit forcé. Je
trouvai même un air de pesanteur & de mélancolie dans ses yeux. Pendant qu'elle s'ef-
forçoit de rendre la conversation agréable,
elle étoit occupée de quelque rêverie, & la
moitié de son attention s'arrêtoit sur ce qui
se passoit dans elle-même. Je craignis que
cette scene de tendresse ne lui fût devenue
importune ; & quoique je ne la crusse point
capable de se choquer mal à-propos, il me
vint à l'esprit qu'une délicatesse excessive pouvoit lui faire trouver mauvais que nous n'eussions pas gardé plus de mesures avec elle dans
une premiere visite. Ses distractions ne faisant
ensuite qu'augmenter, jusqu'à lui faire gar-

der le silence & perdre quelquefois le fil de
nos difcours, je jugeai qu'elle en étoit tout-
à-fait fatiguée, & qu'elle fouhaitoit de fe retirer. Elle y confentit en effet dès la premiere
propofition.

Nous ne trouvâmes point Georges de retour au logis, & nous reçûmes un billet de
lui à l'heure du fouper, par lequel il nous
faifoit des excufes de ce qu'il ne pouvoit nous
tenir compagnie le jour de notre arrivée. Il fe
trouvoit retenu malgré lui par M. le Duc
de.... fon ami & fon protecteur. Nous en ferons plus libres, dis-je à ma fœur; & je fouhaitois en effet de l'être pour m'entretenir naturellement avec elle. Je ne lui avois pas encore fait connoître que je me fuffe apperçu du
changement de fon humeur chez mademoifelle de L....; & comme je m'étois propofé
de leur faire lier une étroite amitié, dans l'efpérance d'en tirer beaucoup d'utilité pour mes
intérêts, j'étois véritablement affligé que les
apparences euffent répondu fi mal à mes intentions du côté de Rofe. Je foupai feul avec
elle. J'attendois qu'elle s'expliquât fur ce qui
avoit pu lui déplaire, ou qu'elle me fit naître
du moins quelque ouverture pour l'interro-
ger. Elle fe renfermoit dans des éloges va-
gues de la beauté & de la douceur de mademoifelle de L....., fans perdre l'air rêveur
qu'elle avoit rapporté de notre vifite. Enfin,
voulant être éclairci, je lui demandai précifément ce qui lui avoit caufé l'altération dont je
m'étois apperçu. Elle balança à me répondre.
Je la preffai. Si c'eft quelque chofe, lui dis-je,
qui intéreffe mademoifelle de L...., comment pouvez-vous refufer de me l'apprendre?
Je vous réponds déjà qu'elle vous aime tendre-

ment, & qu'elle n'auroit pas moins de chagrin que moi de vous avoir déplu. Elle m'en
a marqué de l'inquiétude en vous quittant.

Je lui fis d'autres instances, auxquelles elle
résista long-temps ; cependant je voyois que
son cœur étoit plein, & qu'il ne demandoit
qu'à se soulager. Je me plaignis de ce qu'elle
manquoit de confiance pour moi, qui lui
avois toujours porté une affection particuliere, & qu'elle avoit toujours aimé aussi avec
une espece de prédilection. Hé bien, me dit-
elle en cachant d'une main son visage, que
me servira-t-il de vous dire que je ne puis aimer Mylord Linch, & que j'aimerois autant
mourir que de me voir forcée à l'épouser ?
En aimez-vous un autre, interrompis-je aussi-
si-tôt ? Non, reprit-elle, mais je sens que je
ne puis être heureuse avec un homme que je
n'aimerois pas. Vous me forcez de vous découvrir la foiblesse de mon cœur, ajouta-
t-elle en soupirant. Je n'ai pu voir mademoiselle
de L.... si contente de sa tendresse & de la
vôtre, sans être jalouse d'un bonheur qui
n'est pas fait pour moi. Qu'elle est heureuse,
& vous aussi ! Je suis aussi tendre qu'elle, &
je n'ai pas le moindre espoir de trouver un peu
de douceur dans mes sentiments. On pense à
me faire épouser un homme pour lequel je
n'aurai jamais de goût. Il faudra donc passer
toute ma vie sans l'aimer, gémir de mon sort,
m'ennuyer de mon devoir, porter envie à toutes les femmes qui me vanteront leur tendresse, & faire une cruelle violence à la mienne.
Quel tourment continuel ! Et vous, Patrice,
qui m'aimez, dites-vous, & qui m'avez arraché cet aveu de mes peines, ne serez-vous
rien pour m'en délivrer ?

Je l'écoutois avec un extrême étonnement.
Mais, chere Rofe, lui dis-je, qui parle de
vous forcer à quelque chofe, & de vous faire époufer Linch malgré vous ? Convenez
que voilà les premieres marques que vous
ayez donné de votre répugnance. N'eft-il
pas étrange qu'elle foit née fi tard, ou que
vous l'ayez diffimulée fi long-temps ? Elle
m'affura que fa feule timidité lui avoit lié la
langue, & qu'après avoir refufé M. des Peffes fous prétexte qu'il manquoit de naiffance,
elle n'avoit ofé rejetter un homme de la confidération de Mylord Linch. Quoi qu'il en
foit, lui répondis-je, moi qui préfere le con-
tentement du cœur à la fortune, je ne balance point à vous promettre que vous ne ferez
mariée que lorfqu'il vous plaira d'y confentir, & je m'engage à faire entrer Georges dans
les mêmes fentiments. Comme j'achevois de
parler, j'entendis du bruit dans un cabinet
qui touchoit à la falle où nous étions, & la
porte s'étant ouverte avec violence, nous fûmes fort furpris d'en voir fortir Mylord
Linch. Il étoit revenu à Paris pendant la vifite que nous avions rendue à mademoifelle de
L.... & me voyant arriver feul avec ma fœur,
il avoit voulu fe faire un plaifir de nous écouter & de nous furprendre. Sa curiofité lui
coûta cher. Il avoit entendu notre entretien
jufqu'au moindre mot. Un jufte défefpoir ne
lui permettant plus de fe contraindre, il vint
fe jetter d'un air furieux dans un fauteuil qui
étoit vis-à-vis de Rofe. Nous demeurâmes
tous trois fort long-temps dans un profond filence. Enfin je pris la parole avec beaucoup
d'embarras : Mylord, lui dis-je, vous jugez
bien qu'on ne vous croyoit pas fi proche, &

qu'on eſt fort confus de cette ſcene. Mais puiſque le hazard vous a fait entendre ce qu'on auroit eu quelque peine à vous déclarer, je ne
doute pas que vous n'ayez pour ma ſœur toute la complaiſance qu'un honnête homme doit
à ſon ſexe, & que vous ne lui rendiez la liberté qu'elle demande. Il parut quelques moments inceitain ; mais s'adreſſant tout d'un
coup à elle : non, Mademoiſelle, lui dit-il,
je n'aurai pas la ſotte complaiſance que vous
demandez. Vous êtes à moi par votre conſentement, par la parole de vos freres, & par
l'autorité même du Roi. Je ferai valoir des
droits ſi juſtes, & je ne me laiſſerai pas jouer
impunément. Roſe perdant toute contenance, ſe leva pour ſe retirer. Il ſe préſenta bruſquement devant elle, en proteſtant qu'elle ne
quitteroit pas la ſalle juſqu'au retour de mon
frere, de qui il vouloit recevoir, dit-il, l'explication d'un ſi ridicule procédé. Cette bru-
talité m'échauffa. Je lui dis d'un ton ferme,
qu'il ſuffiſoit de moi pour lui donner toutes
les explications qu'il déſiroit, & que je commençois par prétendre que ma ſœur fût libre
chez elle. Un reſte de conſidération lui fit
calmer apparemment ſon tranſport. Il prit un
ton plus doux, pour me demander ſi je ſavois
où étoit Georges. Je lui dis qu'il étoit à ſouper chez M. le Duc de.... ; & nous quittant ſans repliquer, il ſe mit en chemin pour
l'aller joindre.

Roſe ne prévit que trop les malheureuſes
ſuites de ce démêlé. Elle me preſſa avec larmes d'oublier la confidence qu'elle m'avoit
faite, & de lui laiſſer reprendre ſes chaînes,
dont elle s'efforceroit de cacher la peſanteur
juſqu'au tombeau. Je confeſſe, me dit-elle,

qu'il y a eu de l'immodestie dans mes plaintes. Nous sommes faites pour être les victimes des hommes. Eh ! qu'importe en effet au bon ordre de l'Univers, que le cœur d'une femme soit tranquille ? Que dites-vous, lui répondis-je ? Il me semble au contraire que la foiblesse de notre sexe, qui vous met continuellement dans la dépendance du vôtre, nous oblige à nous faire une étude de votre bonheur, & qu'indépendamment du penchant naturel, la justice & la raison doivent nous porter au soulagement du plus foible. J'emploie cette seule raison pour vous faire voir que je ne parle point en homme aveuglé par la qualité de frere & par celle d'amant : car si l'on vient à compter vos charmes, & la douceur que votre commerce répand dans la société, il n'y a qu'un barbare qui puisse se plaire à chagriner une femme, ou chercher même la satisfaction de son cœur aux dépens du vôtre. Mais dans quelques principes que soit là-dessus Mylord Linch, comptez encore, ajoutai-je, que vos inclinations seront libres, & que je veux vous voir quelque jour aussi heureuse que moi. En effet, l'aimant avec la derniere tendresse, & ne connoissant rien de si doux que le plaisir de se livrer à une passion innocente, j'aurois souhaité à toute sorte de prix de lui procurer un bonheur auquel elle paroissoit si sensible.

Nous étions encore à raisonner sur notre aventure, lorsque nous entendîmes revenir Georges, qui demandoit avec empressement si nous nous étions retirés. Il vint à nous aussi-tôt ; & nous regardant d'un œil inquiet, il nous pria de lui apprendre sans déguisement ce qui s'étoit passé dans son absence. Je le

satisfis. Le rapport de Mylord Linch avoit été
fidele, puisqu'il s'accordoit exactement avec
le mien. Georges ne balança point à prendre
le parti qui convenoit à l'honneur & à l'amitié. Il ne faut plus penser à Mylord Linch,
nous dit-il, puisqu'il déplaît à Rose; ni se
plaindre même qu'elle nous ait caché jusqu'aujourd'hui son dégoût, puisque le passé ne se
répare point. Mais l'embarras est de nous déga-
ger honnêtement, du moins aux yeux du public. Il nous apprit là-dessus que Linch s'é-
tant expliqué avec lui dans des termes fort vifs,
il avoit cru devoir l'écouter avec patience, &
lui demander le temps de s'éclaircir; qu'il lui
avoit promis de lui écrire le lendemain, & de
lui marquer naturellement sur quoi il pouvoit
compter; que le connoissant vif & fougueux,
il ne doutoit pas qu'il ne prît toutes sortes
de voies pour se venger, & que le tort étant
de notre côté, nous serions obligés par ménagement pour le public, de nous conduire
avec modération. Rose nous pressa encore de
ne pas nous exposer pour elle aux conséquen-
ces qu'elle craignoit; mais mon frere n'étoit
pas plus capable que moi de contraindre ses
inclinations.

Il écrivit à Linch le jour suivant, & nous
nous attachâmes ensemble à donner un tour
civil à nos excuses. Nous fûmes quelques
jours sans recevoir de réponse. Ce fut dans
cet intervalle que M. des Pesses nous apprit
votre départ, avec mille circonstances qui
nous firent sentir toute la dureté de notre conduite. Dans l'inquiétude où Rose étoit déjà,
cette nouvelle la fit tomber sans connoissance. J'en fus aussi vivement touché qu'elle;
& Georges même en parut si frappé, qu'il au-

roit pris la pofte pour vous fuivre & pour
vous faire changer de réfolution, fi nous
n'euffions appris en même-temps qu'étant parti depuis plus de quatre jours, il y avoit peu
d'efpérance de vous rejoindre. Avec quelle
amertume ne rappellai-je point notre ingratitude & votre tendreffe, dans tous les entretiens que j'eus avec ma fœur ! J'avois comme
elle un preffentiment des malheurs qui nous
menaçoient. Les confolations mêmes de mademoifelle de L...., à qui je fis la confidence de mon chagrin, ne firent point rentrer
la tranquillité dans mon cœur. Ce n'eft pas
qu'elle eût perdu l'empire abfolu qu'elle avoit
fur mes peines & mes plaifirs. Hélas ! ma paffion n'avoit jamais été fi parfaite. Mais elle
avoit part elle-même à mes craintes. J'étois
agité fans favoir pourquoi ; & dans le trouble
involontaire de mes fentiments, je croyois devoir trembler pour tout ce qui m'étoit cher.

Ne recevant néanmoins aucune réponfe de
Linch, nous commencions à croire qu'il
avoit pris le parti de fe venger par l'oubli ; &
nous nous difpofions à conduire Rofe à S.
Germain, lorfqu'un Gentilhomme Irlandois
qui fe fit connoître de nous par fon nom,
nous remit deux lettres, l'une adreffée à mon
frere, & l'autre à moi. J'ouvris la mienne
avec un mouvement de frayeur, qui ne fit
qu'augmenter à la lecture de chaque ligne.
Linch, de qui elle étoit, me remercioit avec
une amere ironie des bons offices que je lui
avois rendu auprès de fa maîtreffe, & m'apprenoit que s'étant cru obligé de me rendre
fervice pour fervice, il avoit pris de bonnes
mefures pour m'empêcher d'être plus heureux
avec la mienne. Il m'expliquoit les moyens

dont il s'étoit servi, parce qu'il avoit le cœur,
disoit-il, incapable de trahison. Il avoit marqué à M. de L..., le soir précédent, toutes les circonstances de mon intrigue avec sa
fille, l'état de ma fortune, c'est-à-dire ma
pauvreté, qui me faisoit souhaiter avec raison
un mariage capable de la réparer, les justes
droits que je m'étois acquis sur son amitié,
en lui suscitant de faux assassins, qui ne lui
avoient pas fait courir plus de péril qu'à moi,
& qui avoient servi fort heureusement à lui
procurer l'honneur de ma connoissance; enfin mille choses qui, sous un tour si odieux,
devoient me ruiner infailliblement dans l'esprit de M. de L.... Il ne doutoit pas, ajou-
toit-il, que mon esprit & mon adresse ne me
fissent tirer beaucoup d'avantage de tous ces
articles; mais il me déclaroit en attendant
qu'il falloit se battre. La lettre adressée à
mon frere étoit plus courte. C'étoit un simple
appel, où le lieu & l'heure du combat étoient
marqués. Aussi Georges n'eut-il besoin que
d'un coup d'œil pour la lire, & se hâtant
de répondre avant que j'eusse fini de lire la
mienne, il assura le messager que nous serions
exacts au rendez-vous.

Il étoit huit heures du matin, & l'on devoit
se rencontrer à dix. Mon frere me dit froidement qu'il étoit fâché de cet accident, qui
alloit déranger toutes nos affaires. Voyez, lui
dis-je, à qui de nous deux le désespoir convient. Je lui fis la lecture de ma lettre. Il
confessa d'un air calme que j'avois tout à craindre pour le succès de mon amour. En effet,
ma situation étoit si accablante, qu'il m'é-
toit même impossible de voir mademoiselle
de L..... pour apprendre du moins quel es-

et la malignité de mon ennemi avoit produit
sur son pere ; car l'heure pressoit, & nous
avions beaucoup de chemin à faire pour nous
rendre au lieu du combat. Cependant je fus
irrité de la froideur avec laquelle Georges regardoit mon agitation. Vous ne me plaignez
pas , lui dis-je , vous ne plaignez pas Rose ,
qui va demeurer sans ressource si le sort des
armes se déclare contre nous ! Il me répondit que, dans une occasion de cette nature, il
ne falloit pas s'attendrir inutilement , & que
l'honneur ne nous permettant pas d'arriver
trop tard sur le pré , nous devions remettre
tout autre soin après la décision de notre que-
relle. Une cruelle nécessité me força de suivre son conseil. Nous partîmes après nous être
embrassés. Rose, qui étoit encore au lit , n'eut
pas la moindre connoissance de notre départ.

Nos ennemis étoient déjà à nous attendre.
Ils s'étoient fait accompagner de deux valets ,
qui gardoient leurs chevaux ; & nous étions
à pied , sans aucune suite. Mais l'intrépidité
de Georges ne s'arrêtant point au nombre , il
les aborda l'épée à la main, sans savoir encore
combien nous en aurions à combattre. Cependant Mylord Linch donna ordre à ses gens de
s'écarter ; & nous voyant à pied : si vous êtes
les plus heureux , nous dit-il , je vous fais présent de mes chevaux pour vous sauver. Ce
soin généreux dissipa notre défiance. Il me
fit signe de la main que c'étoit avec moi qu'il
vouloit se mesurer. Nous combattîmes vivement , & je parai des coups si furieux qu'il me
fut aisé de comprendre qu'on en vouloit à ma
vie. Enfin je fus blessé au bras. Mon frere, qui
étoit aux prises avec l'autre , ayant vu couler
mon sang , ne garda plus de mesures , & s'a-

bandonnant fur fon adverfaire , il lui porta
dans l'eftomach un coup qui le fit tomber
mort. Je le vis qui accouroit à mon fecours ;
mais foit que la crainte affoiblit Linch , foit
que l'envie de vaincre fans fecours augmentât
mes forces , je lui fis au même moment une
bleffure fi profonde à la cuiffe , que ne pouvant plus fe foutenir , il fut obligé de s'affeoir
à terre , & de m'abandonner fon épée ; je la
lui rendis auffi-tôt. La honte lui fit tenir quelque temps les yeux baiffés. Mais nous voyant
appeller fes gens pour leur faire prendre foin
de lui , il nous renouvella généreufement l'offre de fes chevaux , fi nous les croyions néceffaires à notre fûreté.

Dans le befoin qu'il en avoit lui-même ;
notre propre générofité ne nous permettoit
point d'accepter cette propofition. D'ailleurs ,
quelque danger qu'il y eût à craindre , nous
étions rappellés à Paris par des raifons trop
puiffantes pour nous en éloigner fi légerement. Nous en reprenions le chemin , lorfque fe fentant affoibli par la perte de fon fang ,
& commençant à croire fa bleffure mortelle ,
il nous fit rappeller par fes gens. L'impatience que nous avions de rentrer à Paris ne nous
empêcha pas de retourner d'affez loin , & nous
le trouvâmes en effet d'une pâleur & d'une
foibleffe qui nous fit mal augurer de fa vie.
Ses gens s'étant écartés de quelques pas par
fon ordre , il nous conjura d'une voix mourante , par la confiance qu'il avoit dans notre
honneur , d'être les dépofitaires d'un fecret
dont l'importance étoit égale pour la Religion
& pour l'Etat , & qui pouvant même fervir à
nous faire obtenir grace pour fa mort & celle
de *Plunck* (c'étoit le nom de fon ami) feroit

l'expiation de sa haine & du mal qu'il avoit voulu nous faire. Plunck & moi, continuat-il, nous sommes, ou, puisque la mort nous met au rang des choses passées, nous étions en possession d'un trésor immense qui s'est conservé depuis long-temps dans nos maisons, & que mon pere & lui ont augmenté considérablement par leurs propres soins. La principale partie consiste dans les vases & les reliques d'or & d'argent qui ont appartenu avant la réformation à plusieurs Eglises épiscopales d'Irlande, & à quantité de riches abbayes. Le tumulte des guerres, & la crainte de tous les maux qui sont arrivés depuis, obligerent dans ce temps-là un grand nombre de Prélats & de Seigneurs catholiques de chercher un lieu de sûreté pour tant de richesses; & la situation des domaines de nos aïeux les rendant propres à ce dépôt, elles furent transportées pendant la nuit dans un souterrein qu'ils firent creuser au milieu d'une vaste forêt.

Quoique le fait ait été connu de quantité de personnes, le secret du lieu est toujours demeuré dans nos seules maisons. Enfin, perdant toute espérance de rétablissement pour la religion depuis que la branche Protestante est sur le trône, mon pere & Plunck avoient formé le dessein de faire passer un trésor désormais inutile à l'Irlande, entre les mains du Roi Jacques, pour en faire l'usage qui conviendroit à sa piété & à sa sagesse. Leur zele les avoit portés en même-temps à lever parmi les Catholiques du pays, de grosses sommes, qu'ils destinoient aussi au soutien de la Cour, & qui sont renfermées dans le même souterrein. Ils se disposoient à faire le voyage de

Saint Germain , pour recevoir les ordres du
Roi fur les moyens de tranfporter en France
cet amas de richeffes, lorfque la mort a inter-
rompu le projet de mon pere. A fa derniere
heure il s'eft déchargé fur moi de fon fecret
& de fon devoir , & c'étoit pour fuivre fes
vues que j'étois ici avec Plunck depuis quelques mois. Le Roi eft informé du motif de
notre voyage , & n'attend que des circonftances favorables pour profiter de nos offres ; mais
il ignore dans quel lieu le tréfor eft caché. En
voici les indices , ajouta Linch en tirant un
mémoire de fa poche. Je vous le remets.
Plunck en a le double. C'eft une précaution
que nous avions prife contre toutes fortes d'ac-
cidents. Faites en l'ufage qui conviendra à votre fûreté, à votre fortune & à votre honneur.
Les forces achevant de lui manquer après un fi
long récit, il nous fit figne de prendre dans la
poche de Plunck le double du mémoire, &
nous ayant protefté en peu de mots qu'il nous
pardonnoit fa mort , il nous laiffa la liberté de
nous retirer. Nous ne pûmes lui refufer quelques marques de regret & de reconnoiffance.
Mais nos propres affaires demandant toute notre attention , nous le laiffâmes entre les mains
de fes gens , pour retourner promptement à
Paris.

Quoiqu'étrangers en France , nous n'igno-
rions pas la rigueur inflexible de la Juftice
contre les duels , & nous concevions bien
que le parti le plus fûr étoit de penfer d'a-
bord à nous mettre à couvert. Cependant deux
intérêts auffi preffants que ceux de l'amitié &
de l'amour devoient marcher avant le nôtre ;
Rofe, qui n'avoit aucune connoiffance de notre malheur, ne pouvoit être abandonnée à

elle-même fans fecours & fans confeils ; &
j'aurois expofé mille fois ma vie pour ne pas
ignorer plus long-temps comment j'étois dans
le cœur de mademoifelle de L..... & dans
l'efprit de fon pere. Comme il y avoit peu
d'apparence que le bruit de notre combat pût
être tout-d'un-coup répandu , nous nous flat-
tâmes de pouvoir trouver affez de temps pour
fatisfaire à ces deux foins. Mon frere entreprit
de retourner chez lui , tandis que j'irois chez
monfieur de L...... Il fe propofoit de régler
avec Rofe de quelle maniere elle devoit fe
conduire , & de prendre une partie de notre
argent , qu'il avoit apporté des Saifons à Paris. Il devoit fe rendre enfuite chez monfieur
le Duc de...., où je lui promis de le rejoindre, & où nous remîmes à former d'autres
réfolutions.

Nous ne nous féparâmes point fans nous
être embraffés tendrement, en nous recommandant l'un à l'autre de ne pas perdre de
vue le danger , & de mettre à profit tous les
moments. Mon frere affectoit encore un air
ferme , & je m'efforçois de l'imiter ; mais j'é-
tois démenti par le trouble de mon cœur, qui fe
communiquoit jufqu'à mes regards & au fon
de ma voix. Outre l'horreur du combat fanglant
d'où je fortois , je frémiffois de ce que j'avois à
craindre dans l'inftant où j'allois entrer , & je
preffentois toutes mes pertes avant que de les
connoître. Georges qui s'en apperçut m'ex-
horta à mieux efpérer , & me fit promettre
que de quelque maniere que les chofes puffent tourner, je ne manquerois pas de le rejoindre. Mais il ne prévoyoit ni fon infortune
ni la mienne.

Je me rendis à la porte de monfieur de L....

que je trouvai fermée. Les fenêtres l'étoient auffi , avec toutes les apparences d'une maifon déferte. Je frappai timidement. On m'ouvrit , & je vis paroître un homme dont le vifage m'étôit inconnu. Je le pris pour un nouveau domeftique. Après m'avoir demandé mon nom, il m'introduifit dans le veftibule où donnoit la porte du corridor qui conduifoit au caveau. J'y trouvai quatre hommes que je ne connoiffois pas mieux que le premier , & qui me faifirent le bras , quoique fans violence. Ils m'ôterent mon épée , & m'ayant mené au bout de la galerie , ils me laifferent alors les bras libres , en me priant civilement de defcendre avec eux. Je leur demandai ce que je devois penfer de cette réception & de leur deffein. Ils m'exhorterent à ne rien craindre.

Nous defcendîmes dans le même caveau où je m'étois trouvé la première fois. Je n'y fus pas long-temps fans voir entrer monfieur de L... , fuivi de fa fille & de madame Gerald. Je commençai à lui dire quelques paroles qu'il interrompit , en me recommandant de garder un morne filence. Il y avoit quelques flambeaux allumés , mais en petit nombre. Monfieur de L.... me fit approcher d'une table , autour de laquelle tous les fpeétateurs fe rangerent. Il plaça fa fille vis-à-vis de moi , & tirant fon épée hors du fourreau , il m'en appuya tout-d'uncoup la pointe fur l'eftomach. La crainte & la tendreffe firent jetter à fa fille un cri perçant. Il lui ordonna févérement de fe taire. Et s'adreffant à moi : Vous vous êtes fait un jeu de m'effrayer , me dit-il d'un ton brufque ; il eft jufte que je jouiffe du même plaifir à mon tour. Mais quoique je n'aie pas deffein de vous ôter la vie fi vous m'obéiffez , comp-

tez-vous au nombre des morts qui repofent
dans cette cave fi vous faites difficulté de me
fatisfaire. Enfuite m'expliquant fes volontés :
Vous m'avez trompé , continua-t-il , vous
avez féduit l'efprit de ma fille , vous avez exigé
d'elle des ferments de vous aimer & de vous
être fidelle , qu'elle m'objecte pour juftifier
le refus qu'elle fait de m'obéir ; je veux que
vous la dégagiez fur le champ de toutes fes
promeffes , & que vous renonciez à toutes
fortes de droits fur elle. Vous êtes mort fi
vous balancez.

Je tournai les yeux vers elle , pour lire les
mouvements de fon cœur dans les fiens. Sa pâleur & fes larmes, que l'obfcurité m'avoit d'a-
bord empêché d'appercevoir, me firent trop connoître qu'elle avoit été préparée à cette fcene
par des perfécutions auxquelles fa tendreffe
pour moi l'avoit fait réfifter. Etoit ce affez de
ma vie pour payer ces précieufes marques d'a-
mour & de conftance ? J'avois peut-être fenti quelque frayeur au premier mouvement de
l'épée ; mais n'écoutant plus qu'une paffion
capable de me faire braver la mort & tous
les fupplices, je répondis avec une fermeté à
laquelle M. de L...... ne s'attendoit pas, qu'il
étoit le maître de ma vie , puifque je me trouvois fans défenfe ; qu'avec la poffeffion du
cœur auquel il vouloit me faire renoncer, la
mort n'avoit rien qui me parût terrible, &
que je la cherchois volontairement fi j'avois
le malheur de perdre le feul bien pour lequel
je voulois vivre ; qu'ainfi dans l'un ou l'autre
fort fa vengeance feroit trompée fi elle lui
faifoit efpérer quelque chofe de fes menaces;
mais que s'il vouloit écouter la raifon, il me
traiteroit peut-être avec plus d'humanité ; que

ma naiſſance , & l'honnêteté de mes vues &
de mes ſentiments , ne méritoient pas ſon mépris ni ſa haine..... Il m'interrompit , en jurant
de nouveau qu'il alloit m'enfoncer ſon épée
dans le ſein ; & je ne ſais à quoi la violence
de ſon humeur l'auroit porté , ſi ſa fille , à qui
la frayeur avoit déjà fait perdre la voix & les
forces , ne fût tombée tout-d'un-coup ſans
connoiſſance. Il l'aimoit. Cette vue fit prendre un autre cours à ſes eſprits. Il s'empreſſa
d'aller à elle & de la ſecourir. Peut-être aurois-je pu m'échapper dans le déſordre qui
dura quelques moments. Mais je rejettai une
penſée ſi baſſe , ſur-tout pendant le péril où
tout le monde croyoit la vie de mademoiſelle
de L..... Je me ſerois efforcé bien plutôt de
lui donner tous mes ſoins , ſans ſonger à la
mienne , ſi ſon pere n'eût eu la barbarie de
me repouſſer lorſqu'il me vit approcher d'elle.

Madame Gerald prit cet intervalle , pour
me dire en Irlandois , qu'elle ſeroit ſurpriſe de
me voir ſacrifier ma vie , & mettre celle de
mademoiſelle de L..... en danger , pour une
chimere luthérienne qui n'intéreſſoit ni mon
honneur ni mon amour ; qu'étant ſûr d'être
aimé , je ne riſquois rien à renoncer à des
droits que rien ne pouvoit me faire perdre , &
dont ma maîtreſſe étoit auſſi jalouſe que moi ;
enfin qu'elle remettoit à m'expliquer pourquoi l'on s'étoit retranché dans cette excuſe ,
& ce qu'on avoit ſouffert toute la nuit pour
ſe conſerver à moi ; mais qu'elle m'avertiſ-
ſoit ſérieuſement que le ſeul moyen de calmer l'orage étoit de céder aux emportements
de M. de L....... En effet , il ne vit pas plutôt ſa fille hors de danger , qu'il reprit ſon
épée avec la même furie. C'eſt vous , s'é-

cria-t-il, qui me caufez des peines que je n'avois jamais fenties ; mais fi vous vous obftinez, je vous perce le cœur à ce moment. Il allongeoit le bras, en me regardant d'un air qui confirmoit fa menace. Sa fille prête à retourner dans l'é-vanouiffement dont elle fortoit, me dit d'une voix foible & tremblante : eh ! Monfieur, ne penfez-vous pas à votre vie ? J'avoue que mon agitation étoit extrême. Je voulois fui-vre l'avis de madame Gerald, ne fût-ce que pour délivrer mademoifelle de L......... de la mortelle fituation où je la voyois : mais mon cœur & ma langue fe refufoient également à une déclaration qui me paroiffoit honteufe, parce qu'elle étoit forcée. J'étois fûr à la vé-rité de la conftance de ma maîtreffe ; mais c'étoit ma propre délicateffe que j'avois à vain-cre, fans compter que ce qui m'étoit arraché avec une fi affreufe violence ne pouvoit me pa-roître auffi peu important que madame Gerald vouloit me le perfuader. Cependant je ne réfiftai point aux quatre mots que j'avois en-tendus. Je les regardai même comme un or-dre auquel toutes mes difficultés devoient céder. Vous l'emportez, dis-je à fon pere ; je confens à tout ce que vous exigez. Il ne fe contenta pas d'une déclaration fi vague : il me fit répéter après lui les mêmes termes qu'il avoit déjà employés, & il m'obligea de les confirmer par un ferment. Enfuite fe tour-nant vers fa fille ; vous êtes libre, lui dit-il, j'en prends toute l'affemblée à témoin. Au refte, reprit-il en s'adreffant à moi, fi vous penfiez à me trahir pour vous venger, je vous déclare qu'ayant toujours réfpecté les Ordon-nances du Roi, & n'ayant jamais fait ici d'au-tre acte de religion que l'enterrement de quel-

ques morts , je crains peu votre reſſentiment.
Je me contentai de lui répondre qu'il connoiſſoit mal mes principes. Les mêmes perſonnes qui m'avoient introduit me prierent auſſi-
tôt de me retirer. A peine eus-je le temps d'exprimer à mademoiſelle de L........ , par quelques regards , que la fidélité qu'on m'avoit
fait violer extérieurement s'étoit refugiée au
fond de mon cœur pour n'en ſortir jamais.
Je fus reconduit à la porte , où l'on me rendit mon épée avec la liberté de ſortir.

· Quoique rien ne pût égaler ma conſternation après une aventure ſi triſte , j'emportois
du moins la douceur de croire ma maîtreſſe fidelle , & l'eſpérance de la revoir bientôt
malgré tous les obſtacles ; car c'eſt une promeſſe que madame Gerald avoit trouvé le
moyen de me faire ſecretement. D'ailleurs ,
plus je vins à réfléchir ſur la renonciation
bizarre qu'on m'avoit arrachée , moins j'y
trouvai de ſujet de me chagriner. Dans quelque ſens que M. de L........ voulût l'expliquer , & quelqu'idée même que je puſſe
me former de ſes vues , il étoit certain que
mon ſerment ne m'engageoit à rien pour l'a-
venir , & qu'en rendant à ſa fille les droits
que j'avois ſur ſon cœur , je ne m'étois pas
privé de ceux qu'elle recommenceroit à m'accorder par la conſtance de ſon affection. Au
premier inſtant que je la reverrai , diſois-je ,
j'obtiendrai d'elle mille nouveaux témoignages de tendreſſe & de fidélité. Nous reſſer-
rerons nos chaînes ; nous en formerons de
nouvelles , ſi l'on ſe flatte d'avoir rompu les
premieres ; & nous aurons pour derniere reſ-
ſource , comme nous nous le ſommes toujours
propoſé , d'attendre la mort de ſon pere , ou
l'âge

l'âge qui rend une fille maîtresse d'elle-même.

Ce fut le Ciel qui tourna ainsi mes réflexions du côté le plus favorable. Sa bonté suspendit les noirs pressentiments qui m'avoient agité pendant plusieurs jours, pour me laisser la liberté d'esprit qui m'alloit être nécessaire dans le plus grand de tous nos malheurs. J'avois promis à mon frere de le rejoindre chez M. le Duc de.... dont nous espérions que l'hôtel nous serviroit quelque temps d'asyle. Il y avoit environ deux heures que je l'avois quitté, & je ne doutois pas qu'il ne s'y fût déjà rendu. Cependant comme les dernieres idées dont j'étois rempli me faisoient presqu'oublier le péril, je ne pus passer proche de la rue où étoit sa maison sans être pressé de l'envie d'y entrer. Je serois même allé directement chez lui, dans l'espérance de l'y trouver encore, si je n'eusse rencontré monsieur des Pesses, qui me fit sortir de ma rêverie en me tirant par le bras. Ciel ! où allez-vous, me dit-il ? que je suis heureux de vous avoir apperçu ! Et sans me laisser le temps de lui répondre, il me pressa d'entrer dans un carrosse de louage qui avoit déjà ses ordres. Nous marchâmes aussi-tôt. Que je suis heureux, répéta-t-il en m'embrassant. J'avois jugé que vous pourriez reparoître dans cette rue, & j'y suis depuis une demi-heure à vous attendre.

La confiance que j'avois dans son amitié m'auroit porté à lui découvrir notre embarras, s'il n'en eût pas été informé ; mais son discours me faisant connoître qu'il l'étoit déjà, je me hâtai de lui demander s'il avoit vu mon frere. Hélas ! non, me répondit-il. Mais avant que de me demander des expli-

I. Partie. H

cations, souffrez que je vous mette dans un
lieu où vous puissiez les entendre sans danger. Cette réponse & le refus qu'il fit de me
conduire chez monsieur le Duc de... me firent juger de notre malheur. Mon frere est
arrêté, lui dis-je; il ne put le désavouer. La
tendresse fraternelle me fit jetter un cri dou-
loureux qu'il me fut impossible de retenir. Je
voulois sortir du carrosse, courir à son secours, sans savoir néanmoins à qui je devois
m'en prendre, ni de quel côté je devois
tourner. Des Pesses eut une peine extrème
à m'arrêter. Enfin m'ayant fait comprendre
que les secours violents étoient désormais
inutiles, il m'apprit que Georges, dénoncé
apparemment par les gens de Mylord Linch,
avoit été surpris dans sa maison, où il avoit
eu l'imprudence de demeurer plus d'une heure, & qu'il avoit été conduit à la Bastille. Il
avoit obtenu en partant la liberté de faire
avertir monsieur le Duc de.... de son infortune. Ce Seigneur qui savoit où étoit sa maison s'y étoit rendu aussi-tôt, pour offrir ses
premiers soins à Rose; mais sa visite & ses
propositions avoient déplu sans doute à ma
sœur, puisque, malgré les raisons qui pouvoient lui ôter l'envie de s'adresser à monsieur
des Pesses, elle avoit pris le parti de lui écrire & de lui marquer sa situation. C'étoit proprement la seule connoissance qu'elle eût à
Paris. Des Pesses, en me faisant ce récit,
ne pouvoit me cacher sa joie. Mon bonheur
a donc voulu, me dit-il, qu'elle ait pensé à
moi. J'ai volé chez elle, j'y ai trouvé monsieur
le Duc, mais peu content, puisque, sur quelques froids remerciements qu'elle lui a faits à
mon arrivée, il s'est déterminé à se retirer,

On avoit déjà mis le scellé sur tout ce qui
vous appartient, & quatre gardes étoient de-
meurés dans la maison. J'ai proposé d'abord à
votre aimable sœur, continua des Pesses, de
se laisser conduire chez une dame de mes
amies, où elle recevra toutes sortes de soins
& de respects ; mais elle a voulu que j'aie
commencé par vous chercher ; & dans la crainte que vous ne retournassiez à la maison, où
les gardes sont peut-être uniquement pour vous
attendre, j'ai cru devoir veiller avec un carrosse à l'entrée de la rue.

Je le remerciai de son zele, & concevant
que tous les moments que je passerois à m'af-
fliger étoient perdus pour nos intérêts, j'é-
cartai tout ce qui pouvoit partager l'attention
que je devois à des embarras si pressants. En
arrivant au lieu que des Pesses m'avoit choisi
pour asyle, je le renvoyai chez ma sœur. Il
la consola beaucoup en lui apprenant que j'é-
tois en sûreté ; mais il ne put lui faire accepter
d'autre retraite qu'un Couvent. Loin de condamner cette résolution, je la regardai comme le seul parti qui convenoit à son honneur,
sur-tout lorsqu'ayant appris que M. le Duc
lui avoit offert une maison, un équipage &
des richesses, je compris à quels périls sa sagesse seroit exposée dans tout autre lieu que le
cloître. Des Pesses la conduisit dans un mo-
nastere Anglois, où il eut la générosité de
payer d'avance une partie de sa pension. S'é-
tant rendu delà à la Bastille, il ne put obtenir la permission de voir mon frere ; cependant on ne lui en ôta point l'espérance, aussi-tôt qu'on auroit reçu les ordres de la Cour.
Il revint chez moi le soir avec ces nouvelles. Je le conjurai de mettre le comble à ses

bienfaits, en se rendant à Saint Germain sans perdre un moment. J'avois conçu qu'il étoit d'une importance extrême que tous nos amis fussent prévenus en notre faveur par un récit sincere de notre aventure : j'écrivis même à M. de Sercine, pour l'engager à nous rendre ses bons offices auprès du Roi, & je recommandai à des Pesses de s'assurer jusqu'à quel point nous pouvions compter sur la protection de ce Prince.

Je demeurai en proie à mes craintes jusqu'à son retour. Il ne revint que le lendemain au soir. Sa tranquillité me parut de bon augure. En effet, je reçus de son récit toute la consolation dont j'étois capable parmi tant d'inquiétudes. Il avoit vu non-seulement M. de Sercine & tous nos amis, mais le Roi même, à qui les circonstances de notre malheur avoient inspiré plus de compassion que de colere. Et ce qui me fit reprendre encore plus d'espérance, il m'assura que Mylord Linch, quoiqu'extrêmement affoibli par la perte de son sang, n'étoit dans aucun danger. Malgré la mort de Plunck, je ne doutois point qu'ayant été forcés de nous battre, & nous étant défendus avec honneur, le Roi Jacques ne nous eût fait grace aisément si nous eussions été en Angleterre : mais nous étions en France ; le bien que nous y avions acquis nous soumettoit aux loix du pays, & c'étoit à la Cour de Versailles que nous avions besoin de protection. Cependant je m'étois imaginé que si celle de Saint Germain nous étoit favorable, nous trouverions plus de faveur à celle de France avec une recommandation si puissante. C'étoit dans cette vue que j'avois jugé à propos de commen-

œer nos follicitations de ce côté-là. Enfuite
pour ne rien négliger je priai M. des Peffes de
voir M. le Duc de... que je ne croyois point
affez refroidi, par les refus de ma fœur, pour
refufer de s'employer pour nous. Il y alla fur
le champ, & les affurances de zele & d'amitié qu'il en reçut fervirent encore à me
rendre l'efprit plus tranquille. Nous convînmes d'écrire à mon frere pour le délivrer d'u-
ne certaine inquiétude, en lui apprenant que
nos affaires avoient déjà pris un heureux cours.
M. des Peffes fe chargea de ce foin, parce
que la vue de mon caractere pouvoit m'expofer à quelque nouveau péril.

Cet intervalle d'efpérance étoit encore une
faveur du Ciel, qui ne vouloit pas que fes
épreuves furpaffaffent mes forces, & qui me
ménageoit ainfi quelques inftants de repos
après les plus violentes agitations. Si j'avois
attendu de moment en moment le retour de
monfieur des Peffes, j'avois mille autres raifons d'impatience avec le défir de favoir le
fuccès de fon voyage. L'état où j'avois laiffé
mademoifelle de L.... ; l'envie de la revoir ;
celle d'apprendre tout ce que madame Gerald
m'avoit promis, de m'expliquer, étoient autant
de fujets d'inquiétude qui m'avoient fait balancer plus d'une fois fi je ne fortirois point
de mon afyle, au mépris du danger, pour fatisfaire ma curiofité & mon amour. Enfin
comme je m'étois propofé de charger des Peffes de cette commiffion, je n'eus pas plutôt
fini fur ce qui concernoit mon frere, que je
lui confiai une partie des embarras de mon
cœur. Il n'étoit queftion d'abord que de voir
madame Gerald, de lui apprendre dans quelles circonftances je me trouvois, & de fa-

voir d'elle si je pouvois l'entretenir la nuit suivante chez monsieur de L.... ou dans quelqu'autre lieu. Rien n'étant difficile au zele de
des Pesses, il me promit que je serois satisfait
de sa diligence, & je le vis revenir effectivement
ment beaucoup plutôt que je ne l'attendois.
Mais au lieu d'avoir vu madame Gerald, il
ne m'apportoit qu'une lettre d'elle, qui m'apprenoit en quatre lignes qu'elle étoit partie
le même jour avec mademoiselle de L....,
sous la conduite de deux hommes, & que
n'ayant pas le temps de s'expliquer davantage,
elle remettoit à m'écrire du premier endroit
où elle auroit la liberté de s'arrêter. Elle
ajouta en finissant, qu'elle étoit trompée si on
ne les menoit en Allemagne ; mais que dans
quelque lieu qu'on les forçât de vivre, elle
me promettoit de m'écrire, & mademoiselle
de L.... de m'aimer avec une constance qu'elle
proposoit pour modele à la mienne.

Hélas ! mon cher frere, la pitié vous rend
trop tranquille, & votre esprit est trop supé-
rieur aux foiblesses de l'amour, pour concevoir tout ce qu'il y avoit de cruel & d'acca-
blant pour moi dans cette nouvelle. Vous n'y
voyez qu'un départ, un voyage, des marques
même de souvenir & de fidélité ; & vous me
demanderez pourquoi je me livrai au dernier
désespoir. Mais vous ne savez pas que le
souverain bien d'un amant est la présence de
ce qu'il aime. Vous ignorez qu'il n'y a point
de repos pour un cœur loin de l'objet dans lequel il vit & il respire ; que sans la douceur
du moins de le voir, sans un soulagement si
nécessaire, la vie est une langueur, l'ennui un
poison, l'impatience un martyre ; ah ! vous ne
connoissez ni les délices ni les tourments de

l'amour. Et puis ne comprenois-je pas b. n
que madame Gerald me flattoit d'une vaine
espérance ? Ne prévoyois-je pas que la même
rigueur qui les avoit forcées de partir contre
leur attente, sauroit bien les empêcher de
m'écrire ou moi de recevoir de leurs lettres ; que je ne parviendrois pas même à découvrir le lieu de leur demeure ; que j'étois
par conséquent abandonné, trahi, perdu sans
ressource & sans consolation ?

Je sentis en un instant toute l'étendue de
mon malheur. En vain demandai-je à des Pesses des éclaircissements que je ne pouvois recevoir de lui ni du valet même qui lui avoit
remis la lettre. Toute la maison de M. de
L.... étoit dans mes intérêts ; mais cette raison qui lui avoit fait prendre soin d'écarter
ses gens la veille pour le dessein qu'il avoit
exécuté dans sa cave, l'avoit encore porté à
cacher le voyage de sa fille jusqu'au moment
de son départ. Madame Gerald avoit à peine
eu le temps de m'écrire deux mots. Elle avoit
confié sa lettre à un garçon dont elle connoissoit l'adresse & la fidélité, & qui avoit eu
l'attention d'être continuellement à la porte
pour me recevoir, ou ceux qui se présente-
roient de ma part. Je le vis la nuit suivante,
mais je n'en tirai point d'autres lumieres. Près
de quatre mois qui se sont écoulés depuis
sans que tous mes soins & les empressements
de des Pesses aient pu me faire sortir d'une
si funeste obscurité, vous feroient trouver
mon sort digne de votre plus tendre compassion, si vous pouviez prendre quelque idée
de mes peines.

Je ne m'étendrai pas inutilement sur toutes
les circonstances de notre démêlé avec la Jus-

tice. Le premier effet du crédit de nos protecteurs fut de faire suspendre les procedures
qui avoient été commencées vivement dès le
premier jour. Mylord Linch s'étoit rétabli
heureusement ; Georges, que M. des Pelles
eut enfin la liberté de voir dans sa prison ,
nous crut obligés par l'honneur de lui ren-
voyer les deux mémoires qu'il nous avoit con-
fiés. Il fut si touché de cette générosité volontaire, qu'il devint un de nos plus ardents
défenseurs. Cependant l'amour eut la meilleure part à son zele. A peine étoit-il revenu de la premiere chaleur de son ressentiment,
que se trouvant plus passionné que jamais, il
avoit fait faire à ma sœur des excuses fort sou-
mises de l'excès auquel il s'étoit emporté ,
avec une offre sans bornes de son bien & de
ses services. Il n'avoit osé néanmoins se présenter à elle aussi-tôt que sa santé s'étoit ré-
tablie ; mais prenant occasion du retour des
deux mémoires pour se louer hautement de
notre procédé, & pour se reconnoître obligé
de nous servir à toutes sortes de prix, il se fi-
gura qu'après cette profession d'estime & d'a-
mitié, elle pourroit consentir à recevoir sa
visite. Son espérance fut trompée plusieurs
fois, jusqu'à ce qu'ayant pris le parti de lui
écrire & de lui rendre compte de ce qu'il
faisoit effectivement en notre faveur, il ob-
tint enfin la liberté de l'entretenir. Rose trem-
bloit pour nous , & s'attendoit à tous moments
de voir la tête de Georges sur un échafaud.
Ce sentiment qui étouffoit tous les autres,
lui fit faire assez de violence à son cœur
pour promettre à Linch que s'il réussissoit à
nous sauver la vie, & à nous faire obtenir la
liberté, sa main seroit la récompense d'un si

grand fervice. Un motif fi capable d'animer
un amant ne lui permit plus de rien ménager.
Il prodigua fes richeffes pour gagner nos Juges,
& il employa jour & nuit à nous faire des
protecteurs.

Cependant notre mauvaife fortune a rendu
tant de foins inutiles. Les follicitations des deux
Cours , & le voyage que le Roi même a fait
à Verfailles, n'ont pu ébranler la fidélité que le
Roi de France croit devoir à fes fermens. Il
s'eft retranché fur cette loi inviolable qu'il
s'eft impofée à lui-même , & que nulle confidération ne lui a jamais fait violer. L'unique
grace qu'il ait accordée à tant d'inftances , eft
de fouffrir que notre procès demeure fufpen-
du , & que mon frere acheve fa vie à la Baftil-
le. J'aurois fans doute le même fort fi j'étois
arrêté ; mais me croyant d'autant plus à couvert par cette efpece d'indulgence , que Plunck
n'a point laiffé de parents qui follicitent la vengeance de fa mort, je n'ai pas fait difficulté de
reparoître à Paris fous un nom différent du
mien, & de vifiter même mon malheureux
frere dans fa prifon.

Je voyois beaucoup plus fouvent ma fœur.
Le plaifir de la revoir après tant d'inquiétudes & d'alarmes me faifoit oublier une partie de mes peines. Hélas ! cette chere Rofe !
je ne la quittois guere fans être arrofé de
fes larmes. Elle fe reprochoit d'être la caufe
de tous nos malheurs , & c'étoit pour s'en punir , difoit-elle , qu'elle avoit promis fa main
à Mylord Linch. Je flattois fon cœur , en lui
repréfentant que fa promeffe ne l'obligeoit à
rien , puifque nous ne tenions point le prix
dont elle l'avoit fait dépendre ; & fi la reconnoiffance pouvoit l'engager à quelque chofe ,

je lui parlois de des Pesses qui méritoit bien de
balancer son rival par l'ardeur & le désinté-
ressement de ses services. Elle sentoit tout , car
le cœur de Rose est composé de générosité &
de tendresse ; mais je voyois que l'amour ne par-
loit point en faveur de des Pesses ni de Linch.
Je trouvois de la douceur aussi à faire tomber
souvent l'entretien sur mes propres tourments.
Je lui demandois si elle étoit encore jalouse
d'une malheureuse & inutile tendresse qui
remplissoit mon cœur d'amertume , & qui ne
devoit pas rendre mademoiselle de L.... plus
heureuse, si le sien m'étoit aussi fidèle ? En dépit du sort qui me sépare de mon amante ,
elle prétendoit que nous étions dignes d'envie , & que des peines causées par la fidélité
& la tendresse méritoient le nom du plus charmant bonheur.

Quand je lui parlois de la reconnoissance
dont nous étions redevables à M. des Pesses ,
je n'entendois pas seulement celle qu'il méritoit par ses soins & par mille démarches pé-
nibles auxquelles l'amitié & l'amour l'avoient
engagé. Dans le besoin absolu où nous nous
étions trouvés depuis le commencement de
notre malheur , il avoit fourni libéralement à
notre dépense , & il continuoit de nous aider
avec la même générosité. Aussi long-temps
que nous avions eu l'espérance de rentrer en
possession de notre terre des Saisons & de notre argent , nous avions accepté ses bienfaits
sans honte. Mais nos amis ayant oublié de
demander à la Cour la restitution de nos biens ,
qu'ils auroient obtenue plus facilement que
notre liberté, il falloit de nouvelles sollicitations pour nous faire accorder cette faveur ,
& le succès en étoit incertain ; de sorte que

nous trouvant chargés de ce que nous lui devions déjà , & forcés. de nous engager tous les jours dans de nouvelles dettes , cette nécessité étoit devenue un de nos maux les plus insupportables. Je vous avois écrit au fort du danger de Georges, dans le seul dessein de vous le communiquer , & je n'avois point reçu de réponse. Votre silence ne me rebuta point. J'aimai mieux l'attribuer à toute autre cause qu'à votre indifférence. Je vous écrivis de nouveau , & je m'efforçois sur-tout de vous attendrir pour l'intérêt de ma sœur , que l'honneur seul devoit vous porter à secourir lorsqu'elle n'avoit plus pour ressource que vous & sa vertu. Vous ne m'avez pas répondu. Toutes mes lettres ont péri sans doute. Que seroient-elles devenues , puisque vous m'assurez qu'il n'en est parvenu aucune jusqu'à vous ? Enfin dans l'extrêmité du besoin & de la douleur , accablé du malheur de mon frere dont je ne prévois pas la fin , des larmes de Rose qui augmentent tous les jours , pressé du désespoir d'autrui & du mien , j'ai pris le parti de faire le voyage d'Irlande , sûr de réveiller plus heureusement votre bonté & votre affection par ma présence. Il a fallu recourir encore à la libéralité de des Pesses pour les frais d'une si longue route.

Il y a huit jours que passant rapidement à Londres, je vous écrivis encore pour vous annoncer mon arrivée. J'ai fait le reste du chemin avec l'ardeur d'une vive impatience. Le vaisseau qui m'a apporté de Holyhead faisant voile à Corck, c'est de ce port que j'ai pris ma route par terre avec beaucoup d'incommodités & de fatigues. Hier au soir la pluie & l'obscurité me forcerent de m'arrêter à l'en-

trée de la nuit, & m'étant fouvenu de Fincer
notre ancien ami, dont la maifon n'étoit qu'à
cent pas du chemin, je me déterminai à m'y
mettre à couvert du mauvais temps. Je n'y trouvai que fa fille ; elle me reçut avec une timidité & des marques d'embarras qui m'auroient
fait naître quelques foupçons, fi la froideur
de cet accueil n'eût été réparée auffi-tôt par
fes civilités. Mais ayant reconnu facilement
que j'ignorois le malheur de fon pere, ou que
je ne l'accufois pas d'avoir eu part au vôtre,
elle n'épargna rien pour me perfuader qu'elle
me voyoit avec plaifir. Ma triftefle apparemment, & l'air attendri que doit me donner le
fentiment continuel de mes peines, augmen-
terent tellement cette difpofition, qu'elle me
fit appercevoir par mille témoignages, que
nous ne devons pas la compter parmi nos ennemis. Elle m'apprit la fâcheufe aventure de
fon pere, l'adreffe avec laquelle il s'eft défendu,
& le bonheur qu'il a eu dans fa fuite. Elle ne
me déguifa pas le chagrin qu'il vous a caufé,
ni le péril auquel fes accufations m'expofent
en Irlande. C'eft par fon confeil que j'ai attendu aujourd'hui la fin du jour pour entrer à
Killerine.

  Patrice me demanda en finiffant ce récit, fi
je ne le croyois pas plus malheureux que coupable, & fi l'amitié étoit fi éteinte dans mon
cœur qu'elle n'y pût être rappellée par la compaffion ? Je l'embraffai, en le ferrant de toute
ma force. Mes larmes, que j'avois eu peine
à retenir pendant fon difcours, s'ouvrirent un
paffage malgré moi ; & ne pouvant réfifter à
tous les mouvements qui s'élevoient dans mon
ame : ô Patrice, lui dis-je ! ô cher objet de
mon inquiétude & de ma tendreffe ! qu'ave-

vous fait de votre sageſſe & de mes conſeils ?
Qu'avez-vous fait du ſecours du Ciel, qui n'a
jamais pu vous manquer ? Hélas ! qu'avez-
vous fait de vous-même ? Georges, Roſe :
malheureuſe famille ! voilà donc le terme où
votre folle prudence & votre avide ambition
devoient vous conduire ! O Dieu ! profiteront-
ils de cet exemple pour ſentir le beſoin qu'ils
ont de vous ? J'ajoutai mille choſes avec la
même amertume de ſentiments. Cependant ne
voulant pas augmenter ſon chagrin par des reproches, & remettant à délibérer ſur tant d'é-
vénements dans une ſituation d'eſprit plus tranquille, je me fis violence, pour ſonger à lui
faire prendre les rafraîchiſſements & le repos
qui devoient lui être néceſſaires. Nous nous
mîmes à table : mais tous mes efforts ne purent m'empêcher de retomber continuellement
ſur ce que je venois d'entendre. Je re-
commençois ſans ceſſe à faire des queſtions,
à demander des éclairciſſements ſur toutes les
circonſtances, lorſque nous entendîmes fra-
per bruſquement à ma porte. Elle fut ouverte
auſſi-tôt, parce que mes domeſtiques étoient
ſans défiance. Au même moment huit hommes armés, avec un Officier à leur tête, s'in-
troduiſirent dans le lieu où nous étions, & re-
connoiſſant ſans peine que Patrice étoit celui
qu'ils cherchoient, ils lui déclarerent qu'ils
l'arrêtoient par l'ordre du Vice-Roi, pour le
conduire au château de Dublin. L'Officier
étoit un homme civil. Voyant mon ſaiſiſſe-
ment & ma douleur, il me dit avec beaucoup
d'excuſes qu'il ne pouvoit m'expliquer des
ordres dont il ignoroit la cauſe ; mais qu'après
l'affaire de Fincer, j'en devois juger mieux

que perfonne : que fi mon frere avoit quelque
chofe à fe reprocher , il y avoit eu beaucoup
d'imprudence à confier au papier le deffein de
fon voyage ; qu'on avoit fans doute intercepté
toutes les lettres qui étoient à mon adreffe, & qu'il favoit du moins que c'étoit d'une
lettre de Patrice même qu'on avoit appris fi
jufte le temps de fon arrivée.

Fin de la premiere Partie.

www.ingramcontent.com/pod-product-compliance
Lightning Source LLC
Chambersburg PA
CBHW072025080426
42733CB00010B/1817